에스겔서 강해설교

폐허를 덮는 환상

심판

일러두기

- 이 책은 강선, 서정걸, 윤철규, 세 목사가 2018년 7월 1일부터 2019년 3월 3일까지 남포교회 청년부 주일예배 시간에 설교한 에스겔서 강해를 글로 펴낸 것입니다.
- 이 책에서는 개역개정판 성경을 인용하였습니다.
- 성경을 인용할 때, 절의 전체를 인용한 경우에는 큰따옴표(" ")로, 절의 일부를 인용한 경우에는 작은따옴표(' ')로 표기하였습니다.
- 본문에 《 》로 표기된 것은 도서를, 〈 〉로 표기된 것은 도서 외 작품을 가리킵니다.

폐허를 덮는 환상 ― 심판

2021년 11월 30일 초판 1쇄 인쇄
2021년 12월 15일 초판 1쇄 발행

지은이 강선, 서정걸, 윤철규
기획 강동현
편집 문선형, 정유진
디자인 잔
마케팅 강동현
경영지원 김내리
펴낸이 최태준
펴낸곳 무근검
주소 서울특별시 송파구 올림픽로 4길 17, A동 301호
홈페이지 www.facebook.com/lampbooks **전화** 02-420-3155 **팩스** 02-419-8997
등록 2014. 2. 21. 제2014-000020호
ISBN 979-11-87506-74-4 04230
ISBN 979-11-87506-71-3 04230(세트)

ⓒ 강선, 서정걸, 윤철규 2021
이 책의 저작권은 저자와 무근검이 소유합니다.
신저작권법에 의하여 한국 내에서 보호받는 저작물이므로 무단 전재와 복제를 금합니다.

무근검은 남포교회출판부의 새로운 이름입니다.
무근검은 '하나님의 영광은 무겁고 오래된 칼과 같다'라는 뜻입니다.

에스겔서 강해설교

폐허를 덮는 환상

심판

강선
서정걸
윤철규

―

그들이 네 모든 행위대로 너를 재판하리라
주 여호와의 말씀이니라

겔 24 : 14

차례

01 조용한 탄식 (겔 24:15-24) —— 9

02 심판, 목적지를 향한 경유지 (겔 25:1-7) —— 29

03 영원하지 않다 (겔 28:12-19) —— 45

04 세상이 감당하지 못하는 자 (겔 28:24-26) —— 69

05 절망 너머 보이는 것 (겔 32:17-21, 31-32) —— 91

06 멸망으로 얻은 것 (겔 33:10-16) —— 105

07 하나님이 세우실 왕 (겔 34:17-24) —— 125

01

조용한 탄식

강선

15 여호와의 말씀이 또 내게 임하여 이르시되 16 인자야 내가 네 눈에 기뻐하는 것을 한 번 쳐서 빼앗으리니 너는 슬퍼하거나 울거나 눈물을 흘리거나 하지 말며 17 죽은 자들을 위하여 슬퍼하지 말고 조용히 탄식하며 수건으로 머리를 동이고 발에 신을 신고 입술을 가리지 말고 사람이 초상집에서 먹는 음식물을 먹지 말라 하신지라 18 내가 아침에 백성에게 말하였더니 저녁에 내 아내가 죽었으므로 아침에 내가 받은 명령대로 행하매 19 백성이 내게 이르되 네가 행하는 이 일이 우리와 무슨 상관이 있는지 너는 우리에게 말하지 아니하겠느냐 하므로 20 내가 그들에게 대답하기를 여호와의 말씀이 내게 임하여 이르시되 21 너는 이스라엘 족속에게 이르기를 주 여호와의 말씀에 내 성소는 너희 세력의 영광이요 너희 눈의 기쁨이요 너희 마음에 아낌이 되거니와 내가 더럽힐 것이며 너희의 버려 둔 자녀를 칼에 엎드러지게 할지라 22 너희가 에스겔이 행한 바와 같이 행하여 입술을 가리지 아니하며 사람의 음식물을 먹지 아니하며 23 수건으로 머리를 동인 채, 발에 신을 신은 채로 두고 슬퍼하지도 아니하며 울지도 아니하되 죄악 중에 패망하여 피차 바라보고 탄식하리라 24 이같이 에스겔이 너희에게 표징이 되리니 그가 행한 대로 너희가 다 행할지라 이 일이 이루어지면 내가 주 여호와인 줄을 너희가 알리라 하라 하셨느니라 (겔 24:15-24)

드디어 도래한 심판

예배를 드리려고 예배당에 미리 와서 앉아 있는데, 누가 우리에게 와서 이렇게 속삭인다고 상상해 봅시다. '중요하게 할 이야기가 있으니, 예배 마치면 바로 나가지 말고 앉아 계세요.' 이런 말을 들으면, 예배 시간 내내 무슨 일인지 신경이 쓰이고 긴장도 좀 되어 예배에 집중하기 어려울 것입니다. 그런데 이 정도의 말이 아니라, 누가 와서 이렇게 말한다면 어떨까요.

'기어이 일이 터지고 말았어! 올 게 와 버렸어!' 각자 다른 장면이 머리에 떠오르겠지만, 이번에는 막연한 긴장 정도가 아니라 소름이 끼칠 수도 있겠습니다. 계속 두려워하고 있던 사고 소식

일 수도 있고, 숨겨 둔 내밀한 일이 결국 발각된 것일 수도 있습니다.

머릿속이 하얘지고, 맥박은 걷잡을 수 없게 되고, 손도 떨립니다. 잠시 멍하니 앉아 있다가, 어떻게든 대처하기 위해 급히 움직일 것입니다. 정신없이 짐을 챙겨 나가느라 성경이며 핸드폰이며 자꾸 떨어뜨리고, 가방은 닫지도 못할 것이고, 마음만 급해서 방향도 헷갈리고 할 것입니다.

드디어 일이 터졌다는 것은 우리가 이제까지 애써 세워 온 것들, 우리가 그간 기대하며 쌓아 온 수고, 우리 삶을 그럴듯하게 유지하고 있던 것들이 와르르 무너지는 일이어서 그렇습니다. 본문 말씀에 바로 그런 일이 벌어지고 있습니다.

> 1 아홉째 해 열째 달 열째 날에 여호와의 말씀이 내게 임하여 이르시되 2 인자야 너는 날짜 곧 오늘의 이름을 기록하라 바벨론 왕이 오늘 예루살렘에 가까이 왔느니라 (겔 24:1-2)

이제껏 에스겔 선지자는 예루살렘에 심판이 임할 것이라는 말씀을 전해 왔습니다. 그렇게 말씀을 전한 지 4년 반이 지났는데, 기어이 그날이 왔습니다. '바벨론 왕이 오늘 예루살렘에 가까이 왔느니라.' 바벨론의 왕이 오늘 예루살렘을 치기 시작합니다.

여기 포로로 잡혀 와 있는 이들에게 예루살렘은 어떤 곳일까요. 이들은 낯선 곳에 끌려와 10년이나 살고 있지만, 예루살렘은 여전히 이들을 지탱하는 마음속 마지막 요새입니다.

21 너는 이스라엘 족속에게 이르기를 주 여호와의 말씀에 내 성소는 너희 세력의 영광이요 너희 눈의 기쁨이요 너희 마음에 아낌이 되거니와 내가 더럽힐 것이며 너희의 버려 둔 자녀를 칼에 엎드러지게 할지라 (겔 24 : 21)

'너희 세력의 영광, 너희 눈의 기쁨, 너희 마음에 아낌'이라고 불리는 곳이 바로 예루살렘입니다. 이들에게 삶다운 삶을 허락하던 곳이고, 더구나 거기에는 아직 이들의 자녀들이 있습니다. 부모란 자기들은 이 모양으로 살아도 자식들에게만은 더 좋은 날이 있기를 바라며 오늘을 버티는 사람들인데, 자녀들이 칼에 엎드러지게 될 것이라는 말을 듣게 됩니다. 이 말씀을 듣는 부모의 마음이 어떠했을지 쉽사리 짐작할 수 없습니다.

마음이 어렵기는 선지자가 더했을 것입니다. 그는 지난 5년 가까이 이스라엘이 심판받게 될 일을 경고해 왔습니다. 여러 해가 가도록 심판이 시작되지 않는 것을 보고, 어쩌면 일이 다르게 펼쳐질 수도 있지 않을까 하는 아주 작은 기대가 생겼을지도 모릅니다. 예루살렘이 망하지 않기를 바라는 마음이야 선지자가 더하면 더했을 것입니다.

혹은 변함없는 동족의 모습을 보고 오히려 모든 기대를 접게 되었을지도 모릅니다. 만일 그러했다면, 심판을 예고하는 말씀을 선포한 후의 세월은 정말 긴장 속에 이어지는 시간이었을 것입니다. 심판의 말씀을 전했다고 해서, 빨리 심판이 와서 고국이 망해 버려야 한다고 생각하지는 않았을 것입니다. 모든 것이 무너질 그날은 선지자에게도 두려운 시간이었을 것입니다.

그런데 이제 기어이 그 무서운 날이 왔고, 심판이 시작됩니다. 이제 제사장 가문의 이 사람도 더는 돌아갈 곳을 찾을 수 없습니다. 평생을 헌신하여 삶을 불태울 곳이라 결심했던 성전은 사라질 것입니다.

가마솥

이런 날, 선지자에게 또 하나의 임무가 부여됩니다. 이스라엘 사람들에게 '비유'를 보이라는 것입니다.

> 3 너는 이 반역하는 족속에게 비유를 베풀어 이르기를 주 여호와께서 이같이 말씀하시기를 가마 하나를 걸라 4-5 건 후에 물을 붓고 양 떼에서 한 마리를 골라 각을 뜨고 그 넓적다리와 어깨 고기의 모든 좋은 덩이를 그 가운데에 모아 넣으며 고른 뼈를 가득히 담고 그 뼈를 위하여 가마 밑에 나무를 쌓아 넣고 잘 삶되 가마 속의 뼈가 무르도록 삶을지어다 (겔 24 : 3-5)

가마를 하나 걸고, 그 안에 좋은 고깃덩이를 잔뜩 넣고, 뼈도 넣고, 잘 삶으라고 하십니다. 잘 삶으면 고기가 푹 익어 입에 녹듯 부드러워지고 국물 맛도 제대로 날 것입니다. 잘 끓인 특제 갈비탕 같은 것을 떠올려 보면 되겠습니다.

주위 사람들은 선지자가 이번에는 또 무슨 일을 하는 건지 궁금했을 것입니다. 고깃국 냄새가 진동을 할 테니, 선지자가 무엇을 하고 있는지는 다 알았을 것입니다. 포로로 잡혀 와 살아가는 형편을 생각하면, 선지자로서도 큰 지출이었을 것이고, 이 마당에 무슨 일인가 모두가 궁금했을 것입니다. 선지자가 요리를 잘하는 사람이 아니었다면, 아내도 옆에서 많이 도왔을 테고, 그 집은 고깃국 냄새를 푹푹 풍기며 사람들의 눈길을 끌었을 것입니다. 그렇게 사람들이 모여들어 고깃국 냄새를 맡고 있을 때, 하나님의 말씀이 이어집니다.

> 6 그러므로 주 여호와께서 이같이 말씀하셨느니라 피를 흘린 성읍, 녹슨 가마 곧 그 속의 녹을 없이하지 아니한 가마여 화 있을진저 제비 뽑을 것도 없이 그 덩이를 하나하나 꺼낼지어다 (겔 24:6)

사람들 눈에는 질 좋은 고기로 가득한 가마솥이었는데, 하나님 눈에는 녹이 슬어 있어 안이 온통 지저분한 솥이었습니다. 11장 3절에 이스라엘 족속들이 당시 예루살렘에서 많이 쓰던 비유가 나온 적이 있습니다. '이 성읍은 가마가 되고 우리는 고기가 된다.' 예루살렘이 가마라면, 자기들은 그 속에 담긴 좋은 고기라고, 자신들이 누구인지 자랑스럽게 말하려고 할 때 쓰는 말이었습니다. 그러나 이들의 생각과는 달리 하나님이 보시기에 예루살렘 안은 녹으로 엉망이 된 가마솥 속 같습니다. 솥 속의 녹은 정당한 이유 없이 흘려진 피를 가리킵니다.

> 6 그러므로 주 여호와께서 이같이 말씀하셨느니라 피를 흘린 성읍, 녹슨 가마 곧 그 속의 녹을 없이하지 아니한 가마여 화 있을진저 제비 뽑을 것도 없이 그 덩이

를 하나하나 꺼낼지어다 7 그 피가 그 가운데에 있음이여 피를 땅에 쏟아 티끌이 덮이게 하지 않고 맨 바위 위에 두었도다 (겔 24 : 6-7)

예루살렘에서 하나님의 뜻을 거슬러 많은 피가 흘렀다는 것입니다. 서로를 찔러 죽이며 빼앗는 일이 많이 있었습니다. 그냥 피만 흘리는 정도가 아닙니다. 보통은 피가 땅에 떨어지면, 땅에 얼룩 정도 남기고 땅 밑으로 흡수되어 눈에는 잘 보이지 않습니다. 여기는 그런 정도의 상황이 아닙니다. 피가 땅에 감추어지지 않습니다. 마치 맨 바위 위에 흐른 것처럼 피가 흥건히 남아 있습니다.

사람들은 에스겔이 끓이고 있던 가마솥을 보고, 이제 맛있게 먹기만 하면 되겠다고 생각했을 텐데, 이 가마솥에 대한 하나님의 뜻은 이들의 생각과 다릅니다.

9 그러므로 주 여호와께서 이같이 말씀하셨느니라 화 있을진저 피를 흘린 성읍이여 내가 또 나무 무더기를 크게 하리라 10 나무를 많이 쌓고 불을 피워 그 고기를 삶아 녹이고 국물을 졸이고 그 뼈를 태우고 11 가마가 빈 후에는 숯불 위에 놓아 뜨겁게 하며 그 가마의 놋을 달궈서 그 속에 더러운 것을 녹게 하며 녹이 소멸되게 하라 (겔 24 : 9-11)

사람들이 보기에는 고기가 이제 충분히 익어서 먹기만 하면 될 법한데, 하나님에게는 아직 마무리 단계가 아닙니다. 가마솥 안에 녹이 그대로 있기 때문입니다. 그래서 하나님은 나무를 더 쌓아 불을 더 크게 피우라고 하십니다. 여기서 불을 더 크게 피우면 가마솥 안의 고기가 망가집니다. 국물 속에서 고기는 먹기 좋은 상태를 지나 녹아 버립니다. 국물도 졸아들기 시작합니다. 계속해서 불을 피우면 결국 뼈마저 타 없어집니다.

대체 언제까지 불을 때는 걸까요. 이제는 빈 가마솥뿐인데, 하나님은 불을 줄일 생각이 없으십니다. 불을 계속 때서 놋으로 만든 가마솥 자체가 달궈지게 하겠다고 하십니다. 안에 아무것도 담기지 않은 가마솥은 벌겋게 달아오를 것입니다.

하나님은 먹기 좋은 음식을 다 망쳐 버리며 무엇을 하시는 것일까요. 녹을 없애는 중입니다. 다른 방법으로는 도무지 가마솥의 녹이 없어지지 않고, 웬만한 불로는 없어지지 않아서 이렇게까지 하시는 것입니다. "이 성읍이 수고하므로 스스로 피곤하나 많은 녹이 그 속에서 벗겨지지 아니하며 불에서도 없어지지 아니하는도다"(겔 24:12).

이제 이 비유의 뜻을 정리해 봅시다. 솥에 생긴 녹, 얼룩을 지우려고 하는데, 아무리 해도 안 지워집니다. 그릇이 그런 상태일 때 우리라면 그냥 쓰거나, 도무지 지저분해서 안 되겠으면 그릇을 버릴 것입니다. 그런데 하나님은 그릇을 버리지도 그냥 쓰지도 않으시고, 그릇이 뜨거워져 달아오르도록 불을 때서 그릇의 녹을 태워 없애십니다. 녹이 더는 붙어 있을 수 없는 온도에까지 이르도록 그릇을 불 위에서 달구시고 있습니다.

하나님은 말씀하십니다. '내가 네게 향한 분노를 풀기 전에는 네 더러움이 다시 깨끗하여지지 아니하리라 나 여호와가 말하였은즉 그 일이 이루어질지라'(겔 24 : 13-14). 반드시 이루어진다는 일이 무엇입니까. 더러움이 없어지고 다시 깨끗해지는 일입니다. 그릇이 다시 깨끗해질 때까지, 하나님은 불을 끄지 않으실 겁니다. 그때까지 분노를 풀지 않으실 것입니다.

다시 이 상황을 그려 봅시다. 사람들은 하나님의 말씀으로 드디어 올 것이 오고야 말았음을 알게 되었습니다. 특히 선지자 에스겔은 마음이 무겁기 이를 데 없었을 것입니다. 에스겔이야말로 그간의 예언을 가장 무겁게 받아들인 사람이었을 것이기 때문입니다.

이제껏 기대하고 의지해 온 모든 것이 무너져 내리기 시작하는 이 순간은 어떤 시간입니까. 모든 것이 무너져 내려, 가까스로 삶을 유지하게 했던 마음의 의지처마저 잃게 되는 이 시간은 모든 것이 끝장나는 순간이 아닙니다.

끝장나는 것은 삶의 모든 불순물들입니다. 가마솥이 불덩이가 되듯, 이스라엘 자체가 불덩이가 되어 앞으로 더는 불순물로 더럽혀지지 않으리라는 소식이 선포되는 시간입니다. 하나님이 날짜를 기록해 두라고 하시는 이 시간에 바로 삶을 얼룩지게 했던 모든 불순물이 사라지는 일이 시작되는 것입니다. 이스라엘에게 심판은 이런 순간을 경험하는 시간이 됩니다.

우리 삶에도 이런 시간이 다가올 것입니다. 우리 삶의 모든 것이 무너져 내리는 것 같은 무서운 때입니다. 나락으로 떨어지지 않게 우리를 붙들어 준다고 생각했던 모든 것이 이때 다시 설명될 것입니다. 이 순간은 끝장나는 자리가 아닙니다.

우리가 두려워하던 그것이 기어이 온다고 해도 삶이 산산조각 나 허공 속으로 사라지지는 않습니다. 우리 인생은 더 나아갑니다. 하나님의 백성이라면, 더 나은 자리로 나아갑니다. 상상할 수 없이 좋은, 평생 붙어 다니던 녹이 떨어져 사라져 버리는, 상쾌하기 이를 데 없는 곳으로 나아갑니다. 그렇게 새 그릇으로 바뀌는 것이 신자의 인생이라고, 본문이 우리에게 말씀합니다.

'네 눈에 기뻐하는 것'

하나님의 설명을 듣고 있지만, 이런 일을 겪는다면 참으로 두려울 것입니다. 이런 일을 겪을 때면, 하나님이 야속하기도 합니다. 남의 일이니 쉽게 말씀하시는 것 같다고 느끼기도 합니다.

그런데 이런 순간이 하나님에게는 즐거운 시간일까요. 이스라엘 족속은 이제 깨끗해질 것이니, 하나님은 기쁜 마음으로 열심히 불을 때서 가마솥을 펄펄 끓는 쇠로 만드시면 될까요. 앞에서 보았듯, 유다, 곧 이스라엘 족속에 대한 하나님의 심판이 시작되었는데, 하나님의 말씀은 아직 끝나지 않았습니다.

> 15 여호와의 말씀이 또 내게 임하여 이르시되 16 인자야 내가 네 눈에 기뻐하는 것을 한 번 쳐서 빼앗으리니 너는 슬퍼하거나 울거나 눈물을 흘리거나 하지 말며 17 죽은 자들을 위하여 슬퍼하지 말고 조용히 탄식하며 수건으로 머리를 동이고 발에 신을 신고 입술을 가리지 말고 사람이 초상집에서 먹는 음식물을 먹지 말라 하신지라 (겔 24:15-17)

하나님은 에스겔에게 '네 눈에 기뻐하는 것'을 단번에 쳐서 빼앗겠다고 하십니다. 평생 사모하던 예루살렘이 무너진다는 소식을 들은 선지자에게 이런 말씀까지 하시는 이유가 무엇일까 싶습니다.

이방 땅에 끌려와 사는 선지자에게, 보기만 해도 기쁨이 되는 것이 대체 얼마나 남아 있었을까요. 이 사람은 천직으로 여긴 제사장 노릇도 영영 포기당한 채 여기 와 있습니다. 한창때인 이십대 중반에 이 낯선 곳에 끌려왔고, 서른 살에 선지자로 부름받아 하나님의 말씀을 따라 온갖 기행을 일삼으며 5년 가까이 시간을 보냈습니다.

앞에서 보았듯, 말도 제대로 하지 못한 채 여러 날 동안 한쪽으로만 누워 자기도 하고, 인분 불에 빵을 구워 먹기도 하고, 머리털과 수염을 품위 없이 깎은 채 지내기도 했습니다. 그리고 지금은 좋은 고기와 뼈를 잔뜩 넣은 가마솥에 솥이 다 달궈지도록 불을 땠습니다.

별 기쁠 일도 없는 하루하루를 지내고 있는 선지자에게 하나님은 하나 남은 기쁨마저 빼앗겠다고 하십니다. 그것이 무엇일까요. 그의 옆에서 이 모든 일에 지지자가 되어 준 그의 아내입니다.

너무 잔인한 것 같습니다. 이 선지자가 누굽니까. 모두가 하나님을 저버릴 때도, 자신의 미래를 모두 빼앗긴 후에도, 하나님의 목소리로 살아온 사람이 아닙니까. 그런데 하나님은 이런 사람에게서 마지막 남은 것을 빼앗겠다고 하십니다.

아마 이제껏 에스겔이 하나님이 시키시는 대로 할 수 있던 것은 상당 부분 아내의 내조 덕분이었을 것입니다. 하나님의 뜻에 동조적이지 않은 사람들 속에서 그는 많은 상처를 받았을 텐데, 집에 들어가면 아내 곁에서 쉬며 아내에게 받은 위로로 5년이라는 시간을 견딜 수 있었을 것입니다.

하나님은 그런 존재를 빼앗으시면서 에스겔에게 아내의 죽음을 맞으면, 슬픔도 내보이지 말고, 눈물도 보이지 말고, 그 어떤 장례 예식도 하지 말라고까지 하십니다. 에스겔이 할 수 있는 것이라곤 조용히 슬퍼하는 것 하나뿐이었습니다. 그런데 이상스럽게도 에스겔은 하나님의 말씀을 그대로 이행합니다.

에스겔은 사람들에게 이 이야기를 전했고, 그 저녁에 아내가 죽습니다. '내가 아침에 백성에게 말하였더니 저녁에 내 아내가 죽었으므로'(겔 24:18).

아내의 죽음이 선언되었으니, 아내와 작별 인사를 하기에도 시간이 부족했을 것입니다. 곧 영영 이별이라면, 아내와 여행이라도 다녀와야 하는 것 아닐까요. 그런데 그는 사람들에게 이야기하며 그 귀중한 시간을 다 써 버리고, 저녁에 아내를 떠나보냅니다. 그리고 이튿날은 아내의 죽음에 하나님이 말씀하신 대로 반응해야 합니다.

에스겔 아내의 죽음을 알게 된 이웃들은 장례에 걸맞은 여러 행동을 하려고 했을 것입니다. 장례 음식을 챙겨 오고, 같이 곡을 하려고도 했을 것입니다. 그러나 정작 에스겔은 아무 일도 없는 듯 행동합니다.

사람들이 그의 이상스러운 반응을 보며, 어떤 메시지가 있을 것이라 짐작하고 그에게 뜻을 묻습니다. 이제 하나님의 메시지가 전해집니다.

> 21 너는 이스라엘 족속에게 이르기를 주 여호와의 말씀에 내 성소는 너희 세력의 영광이요 너희 눈의 기쁨이요 너희 마음에 아낌이 되거니와 내가 더럽힐 것이며 너희의 버려 둔 자녀를 칼에 엎드러지게 할지라 (겔 24 : 21)

이스라엘 족속의 영광이자 기쁨이며 마음으로 아끼는 성소, 곧 예루살렘이 더럽혀질 것이고, 이들의 자녀들도 칼에 엎드러질 것입니다. 에스겔의 아내처럼 예루살렘도 죽을 것입니다. 죽음을 겪으면 장례에 어울리는 의식을 치러야 하는데, 이스라엘 사람들은 예루살렘의 죽음 앞에 그렇게 하지 않을 것입니다.

> 22 너희가 에스겔이 행한 바와 같이 행하여 입술을 가리지 아니하며 사람의 음식물을 먹지 아니하며 23 수건으로 머리를 동인 채, 발에 신을 신은 채로 두고 슬퍼하지도 아니하며 울지도 아니하되 죄악 중에 패망하여 피차 바라보고 탄식하리라 24 이같이 에스겔이 너희에게 표징이 되리니 그가 행한 대로 너희가 다 행할지라 이 일이 이루어지면 내가 주 여호와인 줄을 너희가 알리라 하라 하셨느니라 (겔 24 : 22-24)

요약해 보면, 이들이 예루살렘의 죽음을 앞에 두고도 장례에 어울리는 일을 하지 못할 것이라는 말씀인데, 이게 무슨 뜻일까요. '너희가 이런 행동을 하지 못할 것이다'라는 이 말씀에 대해서는 여러 해석이 있습니다. '그렇게 살아 놓고, 이제 와서 너희가 무슨 조의(弔儀)는 조의냐' 하는 뜻으로 읽으면, 하나님이 이스라엘 사람들에게 '너희는 조의를 표할 자격조차 없다'라고 말씀하시는 것이 됩니다. 또는 너무 엄청난 상황이어서 어떤 조의의 예식도 어울리지 않는다는 말씀으로 읽을 수 있습니다. 또 다르게는 지금 이 죽음은 벌, 곧 사형에 해당하는 것이니 그런 형벌에 조의를 표하는 것은 부당하다는 말씀일 수도 있습니다.

어느 쪽으로 보든, 이 말씀은 예루살렘의 죽음과 그것을 슬퍼함 사이에는 연관성이 없다고 하시는 것입니다. '너희는 이 일로 울 수 없다. 아니, 울지 못할 것이다. 너희에게 벌어지는 일은 슬픔이나 자아내라고 벌어지는 일이 아니다'라는 말씀입니다.

무슨 일이 벌어지고 있습니까. 가마솥이 벌겋게 불덩이가 되는 일, 그리하여 그 속의 녹이 아예 없어지는 일이 일어나고 있습니다. 그러니 이스라엘 족속은 그들 마음 깊은 곳의 그 영광, 기쁨, 아낌을 잃게 되었다며 슬퍼하고 눈물 흘릴 틈이 없습니다. 하나님은 '울지 말고, 겪어라!' 하고 준엄히 말씀하시는 것입니다.

우리는 '올 게 왔다'라는 말을 들을 때, 가슴을 치며 과거를 후회하고 인생을 저주합니다. '이런 일을 당할 바에야 차라리 태어나지 말 것을!' 그러나 하나님은 울지 말고 그 일을 바라보라고 하십니다. 지금 일이 진행되고 있으니, 여전히 진행 중이니 그 일에 압도되어 제풀에 넘어가지 말고, 마음을 단단히 먹고 그 일을 바라보라고 하십니다.

먼저 그렇게 해야 했던 사람이 에스겔입니다. 그가 느끼기에 과거는 원망스러운 것이었고, 미래는 닫혀 있는데, 오늘의 위안, 오늘의 기쁨마저 사라졌습니다. 그런데도 하나님은 그에게 오늘의 죽음에 어울리는 것은 장례 예식이 아니라고 하십니다.

하나님의 마음

아무리 그래도 그렇지, 아내까지 데려가시면서 이 사람에게 이렇게까지 하셔야 했나 싶습니다. 그런데 이 질문에 답을 구하려면, 하나님의 마음이 무엇이었는지 알아야 합니다. 21절을 다시 읽어 봅시다.

> 21 너는 이스라엘 족속에게 이르기를 주 여호와의 말씀에 내 성소는 너희 세력의 영광이요 너희 눈의 기쁨이요 너희 마음에 아낌이 되거니와 내가 더럽힐 것이며
> (겔 24:21 상)

예루살렘은 어떤 곳입니까. 하나님이 '내 성소'라고 하시는 곳입니다. 이스라엘의 영광, 기쁨, 아낌의 대상인 예루살렘은 실은 '하나님 자신'의 성소, 그분이 거하시는 곳, 하나님이 몹시도 아끼시는 곳이었습니다. 이곳은 하나님에게 이래도 그만 저래도 그만인 정도의 대상이 아닙니다.

예루살렘의 죽음을 선포하게 하시면서 하나님의 마음이 아무렇지도 않을 리가 없습니다. 하나님이 예루살렘을 어떻게 여기셨는지 그 증언이 성경 여러 군데에 있습니다. 예를 들어, 호세

아서를 봅시다. 호세아는 에스겔보다 여러 대 앞서 활동했던 선지자였습니다.

8 에브라임이여 내가 어찌 너를 놓겠느냐 이스라엘이여 내가 어찌 너를 버리겠느냐 내가 어찌 너를 아드마 같이 놓겠느냐 어찌 너를 스보임 같이 두겠느냐 내 마음이 내 속에서 돌이키어 나의 긍휼이 온전히 불붙듯 하도다 9 내가 나의 맹렬한 진노를 나타내지 아니하며 내가 다시는 에브라임을 멸하지 아니하리니 이는 내가 하나님이요 사람이 아님이라 네 가운데 있는 거룩한 이니 진노함으로 네게 임하지 아니하리라 (호 11:8-9)

하나님이 '나는 화를 잘 안 내니까, 너희를 봐주겠다'라고 하시는 말씀이 아닙니다. 너희가 자꾸 반복해서 나를 진노하도록 만들게 놔두지 않겠다는 것입니다. 이때에도 이스라엘을 향한 심판이 예고되었습니다. 유다가 망하기 전, 북 왕국 이스라엘에게 주어진 말씀입니다.

하나님이 이스라엘 족속을 어떻게 대하십니까. 예루살렘, 그 안에 사는 이스라엘 족속은 하나님에게 이런 대상입니다. '내가 어찌 너를 버리겠느냐, 어찌 너를 놓겠느냐!' 여기 하나님의 마음이 있습니다.

이런 마음을 나눌 자로 선택된 사람이 선지자 호세아였습니다. 그는, 다른 남자들을 쫓아다니겠다고 자기를 버리고 도망간 아내를 찾느라 진이 빠집니다. 그에게 그런 아내가 주어진 것은 하나님이 당신의 형편을 나눌 사람으로 그를 택하셨기 때문입니다. 우리는 호세아의 행동을 보고, 하나님의 마음을 짐작합니다.

이제 세월이 흘러 여기 에스겔이 있습니다. 눈에 기쁨이 되는 존재를 잃는 일이 지금 벌어지고 있습니다. 이것은 에스겔에게만 해당하는 일이 아니었습니다. 하나님도 당신의 눈에 기쁨이 되는 것을 잃는 일을 겪으십니다.

하지만 하나님은 그것을 잃어버리지 않겠다고 하십니다. 하나님은 그것을 원래대로 되찾으실 것입니다. 그러려면 가마솥이 불덩이가 되어 모든 더러운 것이 없어지듯 해야 그것을 되살릴 수 있어서, 하나님이 그 고통을 직접 감수하십니다. 그리고 이 일을 함께 겪을 사람으로 에스겔을 부르십니다. 그러니 에스겔에게 허락된 조용한 탄식은 원래 하나님이 원본(原本)이셨습니다. '죽은 자들을 위하여 슬퍼하지 말고 조용히 탄식하며 수건으로 머리를 동이고'(겔 24:17).

'조용히 탄식하라'라는 말씀에 하나님의 마음이 들어 있습니다. 에스겔의 탄식 속에서 하나님의 탄식을 읽을 수 있습니다. 에스겔의 탄식은 하나님의 탄식이었습니다. 이 탄식은 탄식으로 끝나지 않을 것입니다. '너는 슬퍼하거나 울거나 눈물을 흘리거나 하지 말며'(겔 24:16), '죽은 자들을 위하여 슬퍼하지 말고'라고 말씀하는 데에는 다 이유가 있습니다.

25 인자야 내가 그 힘과 그 즐거워하는 영광과 그 눈이 기뻐하는 것과 그 마음이 간절하게 생각하는 자녀를 데려가는 날 26 곧 그 날에 도피한 자가 네게 나와서 네 귀에 그 일을 들려 주지 아니하겠느냐 27 그 날에 네 입이 열려서 도피한 자에

게 말하고 다시는 잠잠하지 아니하리라 이같이 너는 그들에게 표징이 되고 그들은 내가 여호와인 줄 알리라 (겔 24 : 25-27)

이 모든 일이 벌어지는 날이 다가옵니다. 이제 1년 반 후에 예루살렘은 무너질 것입니다. 그날 그 일이 일어났다고 알려 주는 사람이 올 때, 에스겔은 다시 입이 열려 말할 수 있게 됩니다. 지난 몇 년간 말할 수 없던 선지자는 그날 더는 입을 닫지 않고, 사람들과 이런저런 이야기를 할 수 있게 됩니다. 그간 에스겔을 옭아맸던 사슬이 끊어지고, 선지자의 입을 통해 진실이 밝혀질 것입니다.

누가 우리에게 와서 '기어코 일이 터졌어, 올 게 와 버렸어!'라고 할 때면, 이 말씀을 기억합시다. '너는 다시는 잠잠하지 아니하리라.' 이것은 기쁜 소식, 희망 어린 약속입니다.

여기서 우리는 좀 더 생각해 볼 수 있습니다. 에스겔이 다시 입이 열리면 밤새도록 이야기하고 싶은 사람은 누구였을까요.

하나님이 에스겔에게 돌려주시는 것은 목소리만이 아닐 것입니다. 하나님은 그가 함께 이야기하면 가장 기쁠 사람, 그의 아내도 돌려주실 것입니다. 이 모든 일이 이루어질 때, 하나님은 당신의 사랑, 이스라엘과 밤새도록 이야기하실 수 있을 것입니다. 에스겔도 그의 사랑, 아내와 지치도록 이야기하게 될 것입니다. 그리고 하나님은 우리에게도 밤새 이야기해도 시간이 모자랄 만큼 기다리던 사람들과 상황들을 허락하실 것입니다.

이날을 향하여 가는 우리를 심판이 단련할 것입니다. 마치 솥이 끓는 것처럼 달아올라 삶이 온통 망가져 녹아내리는 것 같은 일이 우리 앞에 다가올 것입니다. 그러나 그 일은 우리 삶을 망가뜨리지 못합니다. 그 불길은 우리 삶의 녹을 사라지게 할 뿐입니다.

이 말씀을 따라 우리는 이렇게 말할 수 있습니다. '올 것이여, 오라. 하나님이 우리의 주인이시니 우리는 이대로 끝나지 않을 것이다. 우리는 목소리를 찾을 것이고, 우리가 그 죽음에 탄식하며 슬퍼했던 이, 그러나 하나님의 뜻이니 하나님 안에서 그 죽음을 받아들였던 이, 내 목소리를 들으며 내 이야기에 귀 기울일 이도 나에게 다시 돌아올 것이다.'

이것이 우리에게 주어진 소식입니다. 심판의 날이 선포될 때 에스겔을 통해 우리에게 드러난 복음입니다. 이 복음 앞에서 인생을 다시 돌아보는 우리 모두가 되길 소망합니다.

기도

하나님, 이스라엘의 역사가 끊어지는 날, 모두가 두려워하며 외면하고 싶었던 그날이 도래한다는 소식을 하나님이 에스겔의 입을 통하여 말씀하십니다. 그러나 그날은 모든 것이 끝장나는 날이 아니라, 하나님 보시기에 더러운 것들이 끝장나는, 그리고 우리의 삶이 비로소 원래의 모습으로 돌아오는 날이 될 것입니다.

살면서 우리의 과오로 모든 것이 무너지는 것 같은 일을 당할 때, 하나님이 우리의 삶에 어떻게 일하시는가를 기억하는 주의 백성 되게 하옵소서. 하나님은 살아 계시고 주의 말씀에 생명이 있사오니 우리에게 주의 말씀으로 인생을 바라보는 지혜를 허락하시옵소서. 예수님의 이름으로 기도합니다. 아멘.

02

심판, 목적지를 향한 경유지

서정걸

1 여호와의 말씀이 또 내게 임하여 이르시되 **2** 인자야 네 얼굴을 암몬 족속에게 돌리고 그들에게 예언하라 **3** 너는 암몬 족속에게 이르기를 너희는 주 여호와의 말씀을 들을지어다 주 여호와께서 이같이 말씀하셨느니라 내 성소가 더럽힘을 받을 때에 네가 그것에 관하여, 이스라엘 땅이 황폐할 때에 네가 그것에 관하여, 유다 족속이 사로잡힐 때에 네가 그들에 대하여 이르기를 아하 좋다 하였도다 **4** 그러므로 내가 너를 동방 사람에게 기업으로 넘겨 주리니 그들이 네 가운데에 진을 치며 네 가운데에 그 거처를 베풀며 네 열매를 먹으며 네 젖을 마실지라 **5** 내가 랍바를 낙타의 우리로 만들며 암몬 족속의 땅을 양 떼가 눕는 곳으로 삼은즉 내가 주 여호와인 줄을 너희가 알리라 **6** 주 여호와께서 이같이 말씀하셨느니라 네가 이스라엘 땅에 대하여 손뼉을 치며 발을 구르며 마음을 다하여 멸시하며 즐거워하였나니 **7** 그런즉 내가 손을 네 위에 펴서 너를 다른 민족에게 넘겨 주어 노략을 당하게 하며 너를 만민 중에서 끊어 버리며 너를 여러 나라 가운데에서 패망하게 하여 멸하리니 내가 주 여호와인 줄을 너희가 알리라 하셨다 하라 (에스겔 25:1-7)

네가 죽어야 내가 사는 세상

본문은 암몬 족속에게 선포되는 심판의 메시지입니다. 하나님의 언약 백성인 이스라엘을 향해 심판을 선포하던 선지자가 이제 눈을 돌려 이스라엘 주위에 있는 열국을 향하여 하나님의 말씀을 전합니다. 25장부터 32장까지 여덟 장에 걸쳐 이스라엘 주위의 일곱 나라를 향한 신탁이 전해지는데, 앞에서 이스라엘 백성들에게 전해진 메시지와 마찬가지로 하나님의 준엄한 심판이 선포됩니다. 이들은 이스라엘과 지리적으로 가까운 나라들이며 특별히 국경을 맞대고 있는 네 민족(암몬, 모압, 에돔, 블레셋)은 이스라엘과 전통적으로 적대 관계를 형성하고 있었습니다.

역사적으로 그리고 현실적으로도 가까운 이웃 나라일수록 사이가 좋거나 협력하기보다는 서로 경쟁하기 마련입니다. 특히 고대 사회에서는 한 나라의 국력이 강해지고 영향력이 늘어난다는 추상적인 개념이 영토의 확장이라는 구체적인 현실로 드러납니다. 그러니 이웃 국가가 강대해진다는 것은 곧 자국의 압박과 쇠퇴를 의미했고, 이에 따라 더욱 노골적으로 경쟁하고 시기할 수밖에 없었습니다. 더구나 이스라엘 민족에게는 선민의식이 있어서 다른 이방인들을 무시하는 경향도 있었으니 이웃 나라 민족들이 이스라엘의 번영을 시기하고, 그들의 멸망을 즐거워한 것은 자연스러운 반응이라 생각됩니다.

유다 왕국은 하나님의 심판을 받아 망했습니다. 주변국들 입장에서는 '고소하다', '꼴좋다'라고 여길 만한 일이었고, 대표적으로 본문의 암몬 족속이 그런 태도를 보였습니다. 이들은 이스라엘과 얼굴을 맞대고 요단 동편에 살던 민족입니다. 이스라엘의 영토는 주로 요단 서편에 자리하고 있지만 요단 동편에도 이스라엘의 두 지파 반이 자리를 잡고 살아왔습니다. 그러니 암몬 족속과는 늘 경계를 맞대고 긴장을 주고받으며 살아온 이웃이자 앙숙일 수밖에 없습니다. 이스라엘이 부강할 때 암몬은 이스라엘의 눈치를 살펴야 했고, 이스라엘에 조공을 바치기도 했습니다. 그러니 이스라엘이 멸망할 때 그들이 기뻐한 것은 당연한 일이었습니다.

6절을 보면 암몬 족속이 '마음을 다하여' 이스라엘 백성들을 멸시하고 그들이 망하는 것을 즐거워했다고 합니다. 3절에서도 이스라엘 땅이 황폐하고 유다 족속이 사로잡혀 갈 때 '아하 좋다' 하였다고 말씀합니다. '아하'라는 단어는 매우 강한 의미의 감탄사로서 그냥 좋은 것이 아니라 감탄이 터져 나올 만큼 주체하지 못할 정도로 좋아했다는 표현입니다. 유다 왕국의 멸망을 이런 심정으로 지켜본 것입니다.

이런 암몬 족속의 행태에 대하여 하나님이 잘못을 지적하시고 심판을 선언하시는 말씀이 이어져 나옵니다. 7절입니다. "그런즉 내가 손을 네 위에 펴서 너를 다른 민족에게 넘겨 주어 노략을 당하게 하며 너를 만민 중에서 끊어 버리며 너를 여러 나라 가운데에서 패망하게 하여 멸하리니 내가 주 여호와인 줄을 너희가 알리라 하셨다 하라." 암몬 족속이 이스라엘의 멸망을 마음을 다하여 즐거워하였기 때문입니다.

25장에는 암몬뿐 아니라 모압, 에돔, 블레셋 족속에 관한 신탁이 이어지고 26장에서 28장에는 두로와 시돈에 관한 신탁이, 29장에서 32장에는 마지막으로 애굽에 관한 신탁이 나옵니다. 그렇게 이스라엘 주위에 있었던 일곱 나라가 모두 하나님의 심판을 받게 되리라는 말씀이 주어집니다. 특별히 25장에 등장하는 네 족속(암몬, 모압, 에돔, 블레셋)이 심판을 받는 이유는 전부 이스라엘이 멸망당하는 모습을 지켜보며 보인 태도에 근거하고 있습니다. 다른 족속들을 책망하시는 몇 구절을 더 살펴보겠습니다.

8 주 여호와께서 이같이 말씀하셨느니라 모압과 세일이 이르기를 유다 족속은 모든 이방과 다름이 없다 하도다 (겔 25:8)

12 주 여호와께서 이같이 말씀하셨느니라 에돔이 유다 족속을 쳐서 원수를 갚았고 원수를 갚음으로 심히 범죄하였도다 (겔 25 : 12)

15 주 여호와께서 이같이 말씀하셨느니라 블레셋 사람이 옛날부터 미워하여 멸시하는 마음으로 원수를 갚아 진멸하고자 하였도다 (겔 25 : 15)

모압과 세일은 유다 족속에 대해 모든 이방과 다를 바 없지 않냐고 비아냥거렸고, 에돔은 한 발 더 나아가 유다를 멸망시키려는 세력과 힘을 합쳐 보복함으로 원수를 갚았으며, 블레셋 역시 오랜 원한을 가지고 유다를 진멸하고자 했습니다. 이들은 왜 이토록 하나님의 백성을 적대시하고 멸시하며 보복하고 진멸하려 할까요. 유다 왕국을, 하나님의 언약 백성을 경쟁자로 여기기 때문입니다. 이들은 한정된 재화와 영토를 놓고 유다 왕국과 싸우는 경쟁국이기 때문에 유다의 멸망이 고소하고 달콤했습니다. 이들에게 이스라엘 백성들은 이웃이 아닙니다. 유독 이스라엘에만 적대적이었을까요. 아마 자기들끼리도 마찬가지였을 것입니다.

세상의 구조가 그렇기 때문입니다. 세상은 힘과 권력을 근간으로 가치 체계를 구축하고 있으며 이 구조가 우리의 말과 가치관을 지배합니다. 권력을 최고의 가치로 두는 관점으로 언어를 사용하다 보니, 우리는 함께 살아가는 이웃을 사랑의 대상이 아니라 경쟁의 대상으로 인식하게 됩니다. 내가 힘을 갖지 않으면 타인이 나를 밀어내고 해한다고 생각합니다. 이런 세상은 내가 더 많은 힘, 더 많은 정보, 더 많은 재화를 가져 스스로를 보호하지 않으면, 옆에 있는 사람들에게 언제 밀려나고 짓밟힐지 모르는 공포의 세상입니다.

25장에 나오는 네 민족은 공포가 지배하는 세상을 살아가는 자들입니다. 그러니 이웃 나라가 잘되면 배가 아프고 꼴 보기 싫어 그들이 망하는 것이 기쁘고, 이스라엘의 멸망을 자기들의 기회로 인식합니다. 하나님은 이러한 그들의 이해와 태도에 대하여 문제를 제기하시며, 이웃의 불행과 패망을 바라보는 관점과 태도가 그러하다면 이스라엘이 심판을 받는 것과 마찬가지로 그들 역시 심판을 피할 수 없다고 말씀하십니다.

심판으로 알게 되는 것

이방 민족들을 심판하겠다고 하시는 말씀을 표면적으로 보면, 택하신 백성, 당신의 자녀들에 대한 배타적인 사랑으로 하나님이 이방 민족을 적대시하는 것처럼 보입니다. 물론, 이스라엘 백성과 하나님이 맺고 있는 언약 관계의 특별함은 이스라엘 백성들을 다른 민족들과 분명히 구별되도록 합니다. 하나님은 이스라엘의 하나님이시고, 이스라엘은 하나님의 백성이기 때문에 하나님은 언약 백성들을 향하여 깊은 애정을 가지고 계십니다. 그러니 이스라엘을 향한 모욕과 비난은 그들과 묶여 하나 되신 하나님을 향한 것이기도 합니다.

하지만 단지 그런 이유 때문만은 아닙니다. 하나님은 이방 민족들도 사랑하십니다. 이스라엘만의 하나님이 아닙니다. 하나님은 이스라엘을 통해 천하 만민을 구원하고자 하셨습니다. 그러니 이스라엘 바깥의 이방 민족들을 심판하시는 본문 말씀 역시 이스라엘에 선언된 심판의 메시지가 그러했듯이 파국으로 끝나고 마는 결론으로 이해해서는 안 됩니다. 하나님은 이스라엘 주위의 이방 족속들의 삶의 태도와 지향점이 결국 죽음으로 귀결될 수밖에 없는 것임을 일깨우고 계십니다. 이웃을 사랑의 대상, 함께 살아가야 할 존재로 이해하지 않고 경쟁자로 여겨 망하기를 바라고, 그들을 짓밟아 내가 사는 삶의 방식을 고수한다면 멸망을 피할 수 없다는 말씀입니다. 누가 죽어서 내가 사는 삶, 누가 손해를 봐야 내가 이익을 얻는 삶의 결론은 멸망뿐임을 하나님은 부단히 말씀하십니다.

이 단락의 말씀은 심판의 선언으로 끝나지 않습니다. 이스라엘을 향한 심판을 전했을 때도 그랬던 것처럼, 이방 민족들에게도 '내가 여호와인 줄 너희가 알리라'라는 말씀을 하십니다. 심판은 그들을 죽이고자 함이 아니라 그들이 여호와 하나님을 알게 하고자 함입니다. 이스라엘 백성에게 심판을 내리실 때 하나님은 당신이 어떤 분이신지 그들이 알도록 하시기 위하여, 자기 백성을 지켜 내지 못한 신이라는 모욕을 기꺼이 감수하시며 유다 왕국과 예루살렘을 멸망으로 이끄셨습니다. 하나님은 목적을 이루시는 데에 절대 타협하지 않으십니다. 그리고 그 목적 속에는 이스라엘뿐 아니라 이방인들도 자리하고 있습니다.

'내가 여호와인 줄 너희가 알리라'라는 말씀은 매우 의미심장합니다. 여기서 '알다'라는 히브리어 단어는 단지 정보를 획득하는 차원이 아니라 관계의 차원에서 긴밀해지고 깊어지는 모습을 그려 내는 단어이기 때문입니다. '내가 여호와인 줄 너희가 알리라'라는 말씀에서 여호와는 어떤 분이신지 출애굽기 34장의 말씀을 보겠습니다.

> 5 여호와께서 구름 가운데에 강림하사 그와 함께 거기 서서 여호와의 이름을 선포하실새 6 여호와께서 그의 앞으로 지나시며 선포하시되 여호와라 여호와라 자비롭고 은혜롭고 노하기를 더디하고 인자와 진실이 많은 하나님이라 (출 34:5-6)

하나님이 당신의 이름, 그 이름이 가리키는 하나님의 본질, 성품을 분명하게 선언하십니다. 자비롭고 은혜롭고 노하기를 더디하며 인자와 진실이 많으신 분으로 당신을 증언하십니다. 이 말씀이 나온 맥락을 알면 이러한 선언이 더욱 놀랍습니다. 이 구절은 출애굽기 32장에서 시작된 이스라엘 백성들의 반역 사건, 즉 금송아지 사건의 맥락 속에서 이어지고 있으며, 금송아지 사건은 하나님이 자기 백성들과 함께 거하시기 위하여 백성들이 성막을 건설하도록 모세에게 지침을 주시는 말씀과 그 지침대로 성막을 건설하는 말씀 사이에 자리하고 있습니다. 영으로 계셔서 보이지 않으시고 영원하신 하나님, 온 우주를 창조하신 하나님이 자기 백성과 함께하심을 보여 주시기 위하여 이스라엘 백성들 가운데 집을 짓고 거하시려 합니다. 당시 이스라엘 백성들은 광야를 지나며 장막, 즉 텐트를 치고 살았습니다. 그들이 텐트를 치며 살아가는 삶의 한복판에 하나님이 거하시는데 그들과 다름없이 장막을 치고 거하겠다고 말씀하십니다.

그런데 하나님이 그들과 언약을 맺으시고 함께 거할 처소를 세우려 하시는 와중에 이스라엘 백성들은 금송아지를 만들어 하나님을 배신합니다. 얼마나 끔찍하고 신속한 배신입니까. 하나님은 그들을 다 진멸하고 모세를 통하여 새로운 민족을 일으키겠노라 말씀하십니다. 그러자 모세가 자기 목숨을 걸고 중재하였고 하나님은 그들을 용서하기로 하십니다. 용서할 수 없는 이들을 용서하시면서 드러내신 하나님의 영광, 성품이 바로 '자비롭고 은혜롭고 노하기를 더디하고 인자와 진실이 많'다는 것입니다.

이스라엘 백성들의 변덕과 배신에도 불구하고, 그들과 맺은 언약에 신실하셔서 그 죄인들 가운데 함께 거하겠다는 하나님의 변함없는 은혜로우심이 '여호와'라는 이름으로 드러납니다. 그러므로 '내가 여호와인 줄 알리라'라는 말씀은, 인간의 죄악으로 인한 그 어떤 역경에도 굴하지 않고 구원을 완성하겠다는 은혜의 선언입니다. 이 놀라운 의지를 이스라엘 백성들에게만이 아니라 이방 민족들에게도 관철하겠다는 말씀이 에스겔 25장부터 32장까지에 계속 메아리칩니다. 다만 이 은혜로운 선언이 심판의 맥락 속에서 주어지는 이유는 이 은혜의 말씀을 듣는 대상들이 이스라엘이나 이방을 막론하고, 모두 하나님 앞에 죄인이기 때문입니다.

인류는 아담으로부터 오늘 우리에 이르기까지 언제나 심판을 자초하는 죄인들입니다. 하나님은 우리에게 복과 생명을 풍성히 주고자 하시지만 우리는 끊임없이 하나님을 거부하고 우리 나름의 좋은 것을 추구해 왔고, 하나님에게 구하여 받는 믿음의 방식보다는 이웃과 싸워 이겨 즉각적인 만족을 얻고자 하는 성향에 치우쳐 있습니다. 그러나 하나님은 죄인인 우리가 자초하는 심판, 절망, 파국이 우리의 결말이 되지 않도록 하겠다는 의지를 밝히고 계십니다. 이스라엘뿐 아니라 이방인들까지도 결국 하나님이 여호와이신 줄을, 언약에 신실하시며 은혜로우신 하나님이심을 알게 하겠다고 말씀하십니다.

제사장으로

하나님은 우리 생각보다 더 크고 은혜로우십니다. 다시 본문으로 돌아와 암몬 족속을 비롯하여 원수와 같은 이방 민족들에게 주신 이 말씀을 이스라엘 백성들이 어떻게 받아들였을지 생각해 봅시다. 25장부터 이어지는 이방 민족을 향한 말씀들을 보면 하나님이 선지자를 불러 이스라엘 주위의 민족들에게 심판을 전하고 있지만, 어쨌든 에스겔서의 일차 독자들은 이스라엘 백성입니다. 그러니 이 단락의 말씀은 하나님이 이방에 대하여 어떤 생각을 가지고 계시는지를 이스라엘 백성들에게 알려 주고자 하시는 데 그 목적이 있다고 할 수 있습니다.

이스라엘 백성들은 이 말씀을 들었을 때 매우 당황했으리라고 여겨집니다. 왜냐하면 언약 백성들에게 심판을 선언하시며 '내가 여호와인 줄 너희가 알리라'라고 하셨던 말씀을 이방인들에게도 똑같이 하셨으니 언약 백성인 자기들이 이방 민족과 다를 바 없다고 느껴졌을 것이기 때문입니다. 이런 상황에서 우선

드는 생각은 하나님의 언약 백성으로 부름을 받아 고생만 더 하고 있다는 생각이었을 것입니다. 어차피 하나님이 언약 백성을 통하여 이방인들까지도 구원하신다면 차라리 이방인들처럼 하나님을 신경 쓰지 않고 자기 뜻대로 자유롭게 사는 게 낫겠다는 것입니다.

하나님은 언약 백성이 이방 민족들과 구별 없이 사는 것을 용납하지 않으십니다. 하나님이 이스라엘을 부르신 이유는 이스라엘만 특별하기 때문이거나 그들에게만 구원을 주기 위해서가 아니라, 그들을 통하여 천하 만민이 복을 얻게 하기 위함입니다. 언약 백성과 이방인의 구별은 배제와 차별의 울타리가 아닙니다. 하나님만이 주시는 복과 은혜와 생명의 풍성함을 구체적으로 보여 주시기 위한 구별이었고, 그것은 모든 민족을 향한 하나님의 복된 계획이 이루어지도록 하나님이 의도하신 장치였습니다. 이러한 비전 속에서 이스라엘 백성들에게는 복을 제대로 누릴 기회가 있었습니다. 그러나 그들은 스스로 이 기회를 걷어찼습니다.

하나님이 아브라함을 불렀을 때 주셨던 말씀을 떠올려 봅시다.

1 여호와께서 아브람에게 이르시되 너는 너의 고향과 친척과 아버지의 집을 떠나 내가 네게 보여 줄 땅으로 가라 2 내가 너로 큰 민족을 이루고 네게 복을 주어 네 이름을 창대하게 하리니 너는 복이 될지라 3 너를 축복하는 자에게는 내가 복을 내리고 너를 저주하는 자에게는 내가 저주하리니 땅의 모든 족속이 너로 말미암아 복을 얻을 것이라 하신지라 (창 12:1-3)

하나님이 이스라엘의 조상 아브라함을 부르셔서 따로 구별하시고 큰 복을 약속하십니다. 아브라함이 복이 되게 하셔서 천하 만민이 그를 통하여 복을 얻게 하겠다는 비전을 보여 주십니다. 눈여겨보아야 할 대목은 3절입니다. '너를 축복하는 자에게는 내가 복을 내리고 너를 저주하는 자에게는 내가 저주하리니 땅의 모든 족속이 너로 말미암아 복을 얻을 것이라.' 2절 말미에 하나님은 아브라함을 복 그 자체가 되게 하십니다. 그러니 하나님의 복으로 세워진 아브라함을 대하는 태도에 따라 복을 누리기도 하고 복을 걷어찰 수도 있습니다. 아브라함을 귀히 대하고 그와 깊이 교제하면 복을 누리게 될 것이고, 반대로 그를 차별하여 내쫓고 핍박하면 스스로 복을 거부하는 꼴이 될 것입니다. 그러면 아브라함 때문에 복을 받는 사람도 있고, 저주를 받는 사람도 있게 됩니다. '너를 축복하는 자에게는 내가 복을 내리고 너를 저주하는 자에게는 내가 저주하리니'라는 말씀에서 보듯 말입니다.

만약 3절이 여기서 끝난다면 이 세상은 아브라함을 기준으로 복을 받는 자들과 저주를 받는 자들, 이렇게 두 편으로 나뉘어져야 합니다. 그런데 말씀은 이상하게 결론지어집니다. '너를 축복하는 자에게는 내가 복을 내리고 너를 저주하는 자에게는 내가 저주하리니 땅의 모든 족속이 너로 말미암아 복을 얻을 것이라.' 아브라함을 선대하는 자도 있고 적대하는 자도 있겠지만 그 모두가 그로 말미암아 복을 얻을 것이라고 합니다.

이 말씀을 통하여 본문 말씀을 생각해 봅시다. 이방인들은 이스라엘을 저주하고 이스라엘의 멸망을 기뻐하여 심판을 받고 멸망할 것입니다. 그러나 하나님이 아브라함에게 언약을 주시며 '너를 축복하는 자든 너를 저주하는 자든 결국은 모두가 너를 통하여 복을 받게 하겠다' 하신 말씀이 이어져 그 심판으로 말미암아 이방인들도 하나님으로부터 '내가 여호와인 줄 너희가 알리라'라는 말씀을 듣습니다. 그러니 이스라엘의 이 역할을 놀랍고 귀히 여겨야 합니다.

출애굽기 19장에는 하나님이 이스라엘과 언약을 맺는 장면이 나옵니다.

> 5 세계가 다 내게 속하였나니 너희가 내 말을 잘 듣고 내 언약을 지키면 너희는 모든 민족 중에서 내 소유가 되겠고 6 너희가 내게 대하여 제사장 나라가 되며 거룩한 백성이 되리라 너는 이 말을 이스라엘 자손에게 전할지니라 (출 19:5-6)

온 세상, 온 나라가 다 하나님의 것이라고 선언하십니다. 그리고 이스라엘을 따로 불러 세우시는 이유는 그 나라를 열국 중에서 제사장 나라로 삼기 위함이라고 밝히십니다. 제사장이란 거룩하고 경건하여 죄인들과 자신을 구별하는 존재가 아닙니다. 더러운 죄인들이 하나님 앞에 나올 수 있도록 그들 편에 서라고 하나님이 구별하여 세우시는 사람입니다. 죄인과 차별화된 거룩한 존재가 아니라 죄인을 위하여 세워진 거룩한 존재입니다.

그러니 이스라엘 백성은 말하자면 이방을 위해 부름을 받았습니다. 하나님은 이방을 복되게 하시려, 죄인들을 하나님과 화목하게 하시려 이스라엘을 제사장으로 부르셨습니다. 그런데 이스라엘이 제사장답게 살지 않습니다. 이방인들과 다를 바 없이 살아 존재의 이유를 상실합니다. 그래서 하나님은 이스라엘을 심판하십니다. 그리고 이스라엘의 패망을 보며 기뻐하면서 복수의 기회로 삼은 이방 민족들에게도 심판을 행사하십니다. 제사장 노릇을 제대로 하지 못한 이스라엘도, 또 여전히 자기 죄를 모르는 이방인들도 다 하나님의 심판을 받습니다. 하나님이 어떤 분인지 알도록 모두를 일깨우려 하십니다. 하나님에게만 생명과 은혜가 있음을 모두가 배우도록 하나님과 상관없는 것을 자기 힘으로 삼았던 언약 백성을, 그리고 그런 삶의 방식이 너무나도 당연했던 이방 민족 양편을 모두 심판하십니다.

그러니 열방에 선포되는 심판의 말씀을 이스라엘 백성들도 들어야 합니다. 이스라엘도 이방과 다를 바 없이 경쟁하고 저주하며 살았기 때문입니다. 남을 짓밟아서 더 높은 자리에 오르는 경쟁적 삶의 방식은 결국 심판으로 귀결됨을 보여 줍니다. 이스라엘이 망하고 이방이 승리한 것처럼 보이지만 결국 모두가 망합니다. 하지만 생명의 길이 있습니다. 이스라엘 백성은 이미 그 길을 알고 있습니다. 하나님과 연합하고 하나님을 의지하여 사는 삶이 유일한 생명의 길이고, 그 길을 보여 줄 존재인 제사장으로 이스라엘이 부름을 받았습니다. 이 역할을 감당하라고, 비록 지금은 실패하여 멸망하게 되었으나 아직 끝이 아니라고, 이 모든 일을 통하여 너희는 나를 더 깊이 알게 될 것이라고, 하나님이 이스라엘을 격려하십니다. 하나님을 더 깊이 알아 제사장 노릇을 제대로 할 기회를, 하나님의 백성답게 살 기회를 주고자 하십니다.

오늘날 한국 교회는 너무나 배타적이고 적대적입니다. 이스라엘이 이방을 위하여 제사장으로 세워졌듯이 우리도 믿지 않는 자들을 위하여 먼저 부르심을 입었는데 은혜는 증언하지 않고 정죄의 목소리만 높이고 있습니다. 다른 생각을 용납하지 않습니다. 말로는 모두 다 예수 믿고 구원받기를 원한다고 하지만, 오래 참고 기다리는 대신 빨리 굴복시키려 합니다. 진리를 가졌다는 것을 힘으로 확인하려 하고 옳다는 것을 인정받지 못하면 분노합니다.

정치적으로, 사회적으로 가치관이 변하고 있는 영역에서 이런 태도를 드러냅니다. 물론 우리는 제사장이기에 무엇이 옳고 무엇이 그른지 분별할 수 있어야 합니다. 더 거룩하게 살아야 합니다. 그러나 정죄하기 위해서가 아니라 제사장의 역할을 잘 감당하기 위해서입니다. 무엇을 조심해야 하고 어디서 빗나가 있는지 살펴야 합니다.

하나님은 우리가 끝이라고 여기는 멸망과 심판을 통해서 하나님의 뜻을 이루어 가십니다. 그러니 우리가 끝이라고 생각하는 지점은 사실 끝이 아니라 하나님이 뜻을 이루어 가시는 과정일 수 있습니다. 그러니 한국 교회가 망한다고 분노하거나 두려워하지 맙시다. 하나님은 모든 일을 통하여 당신의 뜻을 이루십니다. 하나님의 뜻을 거스르는 것처럼 보이는 일들까지도 다 하나님의 계획과 일하심 속에 있습니다. 그 속에서 제사장 나라로 부름을 받은 우리의 역할은 무엇인지, 하나님이 교회 밖 사람들에게 무슨 뜻을 가지고 계시는지 본문 말씀으로 더 분명히 깨달아, 하나님의 성품을 증언하고 죄인들을 하나님에게로 인도하는 제사장 역할을 감당하는 우리가 되기를 바랍니다.

기도

하나님 아버지, 감사합니다. 하나님이 우리를 택해 주셨습니다. 우리만 잘되고, 우리만 복되고, 우리만 평안하라고 택하신 것이 아니라고 말씀하십니다. 우리를 제사장으로, 하나님을 증거하는 증언자로 불렀다고 말씀해 주셨습니다. 그러니 우리는 이웃들과 경쟁하지 않겠습니다. 이웃들이 망하는 것을 기뻐하는 세상의 시류에 따라가지 않겠습니다. 그렇게 우리가 하나님의 백성으로 설 수 있도록 하나님의 성령께서 함께하여 주시옵소서. 예수님의 이름으로 기도합니다. 아멘.

03

영원하지 않다

윤철규

12 인자야 두로 왕을 위하여 슬픈 노래를 지어 그에게 이르기를 주 여호와의 말씀에 너는 완전한 도장이었고 지혜가 충족하며 온전히 아름다웠도다 13 네가 옛적에 하나님의 동산 에덴에 있어서 각종 보석 곧 홍보석과 황보석과 금강석과 황옥과 홍마노와 창옥과 청보석과 남보석과 홍옥과 황금으로 단장하였음이여 네가 지음을 받던 날에 너를 위하여 소고와 비파가 준비되었도다 14 너는 기름 부음을 받고 지키는 그룹임이여 내가 너를 세우매 네가 하나님의 성산에 있어서 불타는 돌들 사이에 왕래하였도다 15 네가 지음을 받던 날로부터 네 모든 길에 완전하더니 마침내 네게서 불의가 드러났도다 16 네 무역이 많으므로 네 가운데에 강포가 가득하여 네가 범죄하였도다 너 지키는 그룹아 그러므로 내가 너를 더럽게 여겨 하나님의 산에서 쫓아냈고 불타는 돌들 사이에서 멸하였도다 17 네가 아름다우므로 마음이 교만하였으며 네가 영화로우므로 네 지혜를 더럽혔음이여 내가 너를 땅에 던져 왕들 앞에 두어 그들의 구경거리가 되게 하였도다 18 네가 죄악이 많고 무역이 불의하므로 네 모든 성소를 더럽혔음이여 내가 네 가운데에서 불을 내어 너를 사르게 하고 너를 보고 있는 모든 자 앞에서 너를 땅 위에 재가 되게 하였도다 19 만민 중에 너를 아는 자가 너로 말미암아 다 놀랄 것임이여 네가 공포의 대상이 되고 네가 영원히 다시 있지 못하리로다 하셨다 하라 (겔 28:12-19)

여러 민족에 대한 구약 성경의 관심

에스겔 25장에서 32장은 이스라엘뿐만 아니라 이스라엘 주변에 있는 여러 민족에 대한 하나님의 심판을 다루고 있습니다. 여기에 나오는 암몬, 모압, 에돔 민족은 유다를 기준으로 요단강 동편에 있던 나라들입니다. 블레셋은 유다의 서쪽 해안가에 있던 민족입니다. 그리고 이번 장에 두로와 시돈 그리고 애굽에 대한 예언이 이어지고 있습니다. 이 민족들이 바벨론에 의해 심판을 받게 되리라는 것이 예언의 핵심입니다.

 에스겔을 비롯하여 이사야나 예레미야 같은 선지자들의 글을 읽어 보면 이들이 율법에만 정통했을 뿐 아니라 당시의 국제 정세에도 매우 탁월한 지식과 통찰력을 가졌다는 것을 알게 됩니다. 다른 나라의 경제, 정치, 역사적 상황에 대하여 깊은 이해가 없이는 쓸 수 없는 이야기들이 적혀 있기 때문입니다. 물론 과거나 지금이나, 한 국가나 사회는 자기 혼자 존재할 수 없고 주변 여러 나라와의 관계 속에서 존재할 수밖에 없습니다. 선지서에는 그러한 현실에 대한 이해가 깔려 있습니다.

모압, 암몬, 블레셋, 두로, 시돈, 이런 나라들은 다 그 당시 무서운 속도로 팽창하고 있는 신바벨로니아(우리말 성경에는 바벨론으로 표기되어 있습니다.) 제국에 맞서서 애굽을 중심으로 동맹을 맺었던 나라들입니다. 정통의 강자인 애굽과 신흥 세력인 바벨론 사이에 가나안 지역이 있고 이 부근에 있는 나라들은 그 둘 사이에서 눈치를 볼 수밖에 없습니다. 정치적인 숙고 끝에 이들은 애굽과 동맹을 맺고 바벨론에 맞서기로 하지만 에스겔은 그들 모두가 바벨론에 망하게 될 거라고 예언합니다.

에스겔은 예레미야와 마찬가지로 바벨론에 굴복하는 것이 하나님의 뜻이라고 주장하는 선지자입니다. 물론 에스겔은 바벨론에 포로로 잡혀 왔기 때문에 이렇게 이야기하는 것이 더 편했을지도 모르겠습니다. 또한, 바벨론 포로 시대를 지나온 이들은 유다가 바벨론에 포로로 잡혀가는 일이 하나님의 뜻임을 명확히 압니다. 그러나 유다가 멸망하기 전 그곳에 살던 이들에게는 이런 일들이 얼마나 혼란스러웠을까요.

조선 말기에 개화하는 것이 옳은가, 쇄국이 옳은가, 하는 격렬한 논쟁이 있었습니다. 지금에 와서 보니 당시 상황은 당연히 개국할 수밖에 없는 상황이었고, 개국이 늦은 우리가 상대적으로 개국이 빨랐던 일본에 나라를 빼앗기는 치욕을 당했다고 이해하기도 합니다. 하지만 우리가 그 당시에 살았던 사람들의 상식과 이해로 가치판단을 내려야 한다면 우리 역시 매우 혼란스러운 상태에서 어려운 결정을 내려야 했을 것입니다.

어느 시대나, 어느 국가나, 어느 공동체나 그런 어려움이 있습니다. 우리도 '이 정당을 선택할 것인가? 아니면 저 정당을 선택할 것인가? 이 정책을 지지할 것인가? 저 정책을 지지할 것인가?' 같은 고민을 늘 합니다. 제한된 시야를 가진 인간의 현실 속에서 피할 수 없는 일입니다.

그런데 본문 말씀은 하나님이 특정한 정책이나 정당, 어느 한 세력이나 민족만을 지지하신다는 차원에서 선포된 말씀일까요? 그렇지 않습니다. 왜냐하면, 얼핏 바벨론에게 편을 드는 것 같은 선지자들의 주장이 선지서의 뒷부분으로 가면 결국 바벨론도 멸망할 것이고 궁극적으로는 모든 세계가 주 앞에 굴복하게 될 것이라는 메시지로 이어지기 때문입니다. 그러한 맥락에서 당시 두드러진 도시 국가였던 두로에 대한 예언을 살펴보면서 이 말씀이 이 시대를 살아가는 우리에게 어떤 교훈과 적용을 주는지 함께 생각하기를 원합니다.

두로의 영광과 몰락

두로에 대한 예언은 다소 특별해 보입니다. 앞서 나온 다른 민족들에 대한 예언은 몇 구절에 걸쳐서 주어졌을 뿐입니다. 반면에 두로에 관한 예언은 세 장에 걸친 많은 분량으로 주어졌습니다. 애굽이나 바벨론에 버금가는 비중으로 두로에 대한 심판이 언급되어 있습니다. 게다가 26장에는 두로가 받을 심판이, 27장에는 조롱의 의미가 섞여 있는 두로에 대한 애가가 기록되어 있고, 본문 말씀인 28장은 두로 왕의 몰락을 다루고 있습니다. 굉장히 체계적인 구조로 기록되어 있는 것을 보면, 두로와 두로의 왕에 대한 예언을 매우 중요하게 다루고 있다고 짐작할 수 있습니다.

28장 16절의 '너 지키는 그룹아 그러므로 내가 너를 더럽게 여겨 하나님의 산에서 쫓아냈고 불타는 돌들 사이에서 멸하였도다'라는 문구는 창세기 3장에서 아담과 하와가 죄를 짓고 에덴동산에서 쫓겨나 더는 그곳으로 돌아갈 수 없이 유배된 상황을 묘사하는 구절과 유사해 보입니다. 13절의 '네가 옛적에 하나님의 동산 에덴에 있어서 각종 보석 곧 홍보석과 황보석과 금강석과 황옥과 홍마노와 창옥과 청보석과 남보석과 홍옥과 황금으로 단장하였음이여' 같은 구절은 에덴이란 단어를 직접 명시합니다. 본문에 의하면 두로의 왕은 하나님의 동산 에덴에서 여러 진귀한 보석으로 화려하게 치장한 고귀한 존재였습니다. 그런 존재가 처참하게 몰락할 것이니 에스겔이 애가를 부르겠다고 말합니다.

두로의 왕이 이런 어려움을 겪는 이유는 무엇일까요?

2 인자야 너는 두로 왕에게 이르기를 주 여호와께서 이같이 말씀하시되 네 마음

이 교만하여 말하기를 나는 신이라 내가 하나님의 자리 곧 바다 가운데에 앉아
있다 하도다 네 마음이 하나님의 마음 같은 체할지라도 너는 사람이요 신이 아
니거늘 3 네가 다니엘보다 지혜로워서 은밀한 것을 깨닫지 못할 것이 없다 하고
4 네 지혜와 총명으로 재물을 얻었으며 금과 은을 곳간에 저축하였으며 5 네 큰
지혜와 네 무역으로 재물을 더하고 그 재물로 말미암아 네 마음이 교만하였도다
(겔 28:2-5)

에덴동산에서 온갖 보석으로 치장한 아름다운 존재였던 그가 이렇게 구경거리와 조롱거리가 되고 사람들이 그의 패망을 보며 공포를 느끼게 되는 이유는 무엇입니까. 그의 마음이 교만했기 때문입니다. 어떻게 교만했습니까. 스스로 "나는 신이다"라고 주장했습니다. 그는 하나님의 자리 곧 바다 한가운데 앉아 있으면서 '내가 곧 신이고 나는 못할 것이 없다'라고 생각합니다.

두로는 대륙 바로 옆에 있으면서 항구를 운용하는 섬에 자리 잡은 도시였기 때문에 해상 무역이 굉장히 발달했습니다. 애굽에서 나는 온갖 물자들이나 가나안 지역에서 나는 물자들을 각각의 지역에 쌍방으로 유통하는 역할을 했습니다. 심지어 코카서스나 중앙아시아의 물자들을 애굽 뿐만 아니라 지금의 그리스 지역이나 터키 지역, 심지어 유럽의 서쪽 지역까지 운반하며 무역을 하고 경제적인 식민지를 개척했다고 합니다. 그러니 그 나라는 얼마나 부유했을까요.

두로는 육지로부터 750미터에서 850미터 정도 떨어진 섬에 성벽을 쌓아 올려 요새를 만들었습니다. 가장 높은 성벽은 45미

터에서 50미터 즈음 되었다고 하니 적군들이 이 성을 함락하기란 거의 불가능했을 것입니다.

실제로 바벨론의 느부갓네살 왕조차도 두로를 함락하기 위해 수년에 걸쳐 많은 공을 들였지만, 결국 정복하지 못합니다. 수백 년 뒤 마케도니아의 알렉산더 대왕이 대륙에 있는 성들을 다 무너뜨리고 거기서 나온 여러 가지 자재들을 가져다가 육지에서부터 두로 성벽까지 둑을 내어 버립니다. 육지에서 두로 섬의 성까지 갈 수 있는 길을 만든 것입니다. 그 길을 통해 공성전에 필요한 각종 병기를 가져가 공격한 뒤에 결국 성을 무너뜨립니다. 그 때 이후로 두로는 패망한 도시가 됩니다. 예수님 시대쯤 되어서는 이미 쇠락할 대로 쇠락하여 별 볼일 없는 도시로 전락해 버리고 맙니다.

에스겔 당시에 두로는 전 세계에서 가장 부유한 도시 국가였을 것입니다. 두로라고 하는 나라는 성경에도 자주 나오는데 두로의 왕이었던 히람이라고 하는 사람이 있었습니다. 이 왕은 다윗 왕과 친했습니다. 그래서 다윗 왕이 성전을 짓겠다고 하니 백향목을 비롯한 여러 가지 물자를 대 주기로 합니다. 성전을 지었던 솔로몬 때에는 동명이인인 히람이라는 기술자가 성전의 기둥을 세우는 일에 총감독을 맡았습니다. 그러니 두로는 이스라엘의 역사와 밀접하게 연관되어 있는 나라입니다. 당시에는 나라가 여러 도시 국가로 이루어져 있었는데, 이때 유명했던 도시가 두로와 시돈입니다. 후에 알렉산더에 의해 두로가 망하고 난 다음에 유명한 식민지가 하나 남습니다. 바로 카르타고입니다.

후에 카르타고는 지중해 패권을 두고 로마와 다툽니다. 이 전쟁이 바로 포에니 전쟁입니다. 카르타고의 선조가 바로 이 사람들입니다. '포에니'라는 말은 로마 사람들이 페니키아 사람들을 부르던 말이었고, 카르타고와의 전쟁은 페니키아 사람들과 벌이는 전쟁이어서 포에니 전쟁이라고 불렀습니다.

이 사람들이 해상 무역을 한창 할 때는 지중해 권역에서 누비지 않은 곳이 없었다고 합니다. 지금의 레바논 지역에서부터 프랑스 서북부 지역 곧 영국 앞바다까지 갔고, 믿거나 말거나지만 어떤 사람들은 이들이 아메리카 대륙까지 다녀갔다고 믿기도 합니다. 어쨌든 그런 이야기가 나올 정도로 두로는 해상 무역을 활발하게 했고 그 일을 통해 굉장한 부를 축적했을 것입니다.

그런데 이 사람들이 이스라엘에 끼친 영향 중 성전에 필요한 재료와 기술을 준 것 외에도 중요한 것이 또 하나 있습니다. 이스라엘이 왕정 국가를 이루고 있던 내내 이들이 무역을 통해 다른 여러 나라에 있는 물자들을 이스라엘에 공급해 주고 이스라엘에서 생산되는 물자들을 다른 나라에 공급해 주는 역할을 하기도 했는데, 이 민족 출신으로 이스라엘의 왕비가 되는 유명한 여인이 있습니다. 바로 아합의 부인이었던 이세벨입니다. 이 여인은 두로 근처에 있는 시돈 출신입니다. 이세벨 이후 북 이스라엘은 철저한 우상 숭배로 나라의 기틀이 흔들릴 정도가 됩니다. 이 일이 성경에서 많은 분량을 할애하여 선포하고 있는 두로에 대한 심판의 역사적 배경입니다. 요엘서에 보면 남 유다가 멸망한 다음에 남 유다의 유민들을 잡아서 다른 나라에 노예로 파는 일에 이 두로 사람들이 앞장섭니다. 그러니 유다 편에서는 꼴도 보기 싫은 존재들이었을 것입니다.

이들의 부와 아름다움을 성경은 다음과 같이 표현합니다. 에스겔 27장 12절 이하의 말씀을 보면 당시의 두로가 거래했던 상품들과 그 상품의 원산지에 대해 알려 주고 있습니다. 그들은 다시스에서 은과 철과 주석과 납을 수입해다가 다른 곳에 파는 일들을 했습니다. 13절에 보면 야완과 두발과 메섹이라는 곳과는 놋그릇을 취급했고, 14절의 도갈마라고 하는 곳은 일부 학자들에 의해 아르메니아 지역이라고 추정되는데, 그곳과는 말이나 군마나 노새를 취급했습니다. 드단 사람들과는 상아와 박달나무를 취급했고, 17절에 보면 유다와 이스라엘 사람들과는 좋은 품질의 밀과 과자와 꿀과 기름과 유향을 취급했습니다. 다메섹, 즉 아람 사람들, 지금의 시리아 사람들과는 헬본 포도주를 취급했습니다. 헬본은 헐몬 산을 의미한다고 생각하는 사람들도 있습니다. 기록에 의하면 페르시아의 왕이 이 헬본 포도주만 마실 정도로 질이 좋은 포도주였다고 합니다. 요즘으로 치면 프랑스 보르도 지역의 고급 와인 같은 것이겠죠. 그들과는 흰 양털을 거래하기도 했습니다. 19절을 보면, 그들에게서 워단과 야완과 길쌈하는 실을 사들이고, 그 대가로 가공한 쇠와 계피와 대나무 제품을 제공했습니다. 20절을 보면, 드단과는 말을 탈 때 까는 천을 거래했습니다. 21절에 의하면 아라비아와 게달의 고관들이, 22절에서는 스바와 라아마의 상인들이, 23절에서는 하란과 간네와 에덴과 스바와 앗수르와 길맛의 장사꾼들이 모두 두로의 상인이 되었다고 합니다. 그래서 25절에는 이런 구절이 나옵니다.

> 25 다시스의 배는 떼를 지어 네 화물을 나르니 네가 바다 중심에서 풍부하여 영화가 매우 크도다 (겔 27 : 25)

문자 그대로 당시 두로에는 없는 물자가 없었습니다. 그런 이유로 그들은 경제적 풍요에서 오는 과도한 자신감을 가지고 있었습니다. "우리는 이 세상에 있는 모든 물자를 다 유통하면서 그 과정에서 발생하는 막대한 이익을 누리고 있다. 우리가 열방의 경제적 거래의 중심에 있으면서 모든 것을 통제하니 우리는 마치 하나님 같다." 이런 자긍심, 교만에 대해 하나님이 가만히 두고 보지 않겠다고 말씀하십니다.

교만의 이면

다시 28장으로 넘어와서 3절부터 보겠습니다.

> 3 네가 다니엘보다 지혜로워서 은밀한 것을 깨닫지 못할 것이 없다 하고 4 네 지혜와 총명으로 재물을 얻었으며 금과 은을 곳간에 저축하였으며 5 네 큰 지혜와 네 무역으로 재물을 더하고 그 재물로 말미암아 네 마음이 교만하였도다 (겔 28 : 3-5)

3절에 나오는 다니엘은 다니엘서의 주인공을 일컫는 말이 아닙니다. 당시에 지혜로운 사람의 대명사로 흔히 사용되던 이름입니다. 지혜와 의로운 삶으로 두각을 나타내는 이들의 전형을 일컫는 이름입니다. 에스겔 26장에서 28장에 나오는 두로의 왕과 두로 지역에 대한 내용이 특별하게 다가오는 이유는 '다른 민족에 대한 예언들 그리고 모든 선지서에서 이야기하고 있는 당대 최강국이었던 제국들에 대한 예언들, 즉 바벨론이라고 할지라도 결국 무너지게 될 것이고, 다니엘서에서 보여 주듯 페르시아도 결국 무너지게 될 것이고, 마케도니아도 그리스도 로마도 무너지게 될 것이며, 세상 모든 것을 주관하고 있고 세계를 통합하여 신처럼 일컬어지는 제국과 그 제국을 다스리는 황제라고 할지라도 결국에는 영원하지 않다'라고 하는 메시지가 담겨 있기 때문입니다.

그런데 특별히 두로 사람들은 군대나 칼이나 창이 아니라 무역으로 권력을 행사했던 사람들입니다. 여러 지역들과 행했던 무역을 기반으로 한 경제력이 그들의 힘이었습니다. 바로 이런 부분들이 오늘을 살아가는 우리에게 더 중요한 메시지가 될 것으로 여겨집니다. 말씀을 좀 더 읽고 이야기를 이어 가려고 합니다. 6절을 봅시다.

> 6 그러므로 주 여호와께서 이같이 말씀하셨느니라 네 마음이 하나님의 마음 같은 체하였으니 (겔 28:6)

돈이 많고 경제력이 강하여 사람들을 부릴 수 있다고 생각하면 어떻게 된다고 합니까. 하나님 마음 같은 체를 한다고 합니다.

여기서 '하나님 마음 같은 체'라는 말은 신약 성경에 나오는 '너희 안에 그리스도의 마음을 품으라 그는 하나님의 본체시나 하나님과 동등됨을 취할 것으로 여기지 아니하시고 자기를 비워 종의 형체를 가지셨다'라는 식의 하나님 마음이 아닙니다. "내가 못할 게 뭐가 있어! 내가 해결 못할 것은 하나도 없어! 돈이면 다 돼! 결국 인간사는 돈이 모든 것을 다스리는 거야! 돈이 모든 것을 말하는 거야! 나는 많은 돈을 가지고 있으니 신과 같은 존재야" 하고 교만해져 있는 상태를 표현하는 말이라고 할 수 있습니다. 7절에서 8절을 보겠습니다.

> 7 그런즉 내가 이방인 곧 여러 나라의 강포한 자를 거느리고 와서 너를 치리니 그들이 칼을 빼어 네 지혜의 아름다운 것을 치며 네 영화를 더럽히며 8 또 너를 구덩이에 빠뜨려서 너를 바다 가운데에서 죽임을 당한 자의 죽음 같이 바다 가운데에서 죽게 할지라 (겔 28:7-8)

두로는 섬에 있는 도시인데 그곳을 바다에 수장해 버릴 것이라고 주님이 경고하십니다. 그러면서 이렇게 물으십니다.

> 9 네가 너를 죽이는 자 앞에서도 내가 하나님이라고 말하겠느냐 너를 치는 자들 앞에서 사람일 뿐이요 신이 아니라 (겔 28:9)

주께서 "내가 이방인을 들어서 너를 수장하고 죽일 것인데, 네가 죽어 가는 상황 속에서도 '나는 하나님이야'라고 말할 수 있겠느냐"라고 두로에게 말씀하십니다. 그들을 치는 자들 앞에서 두로는 무엇에 불과하다고 합니까. '사람일 뿐이요 신이 아니라.'

하나님이 이스라엘과 싸우시는 이유도 이와 비슷합니다. 이스라엘은 하나님이 아니기 때문입니다. 하나님이 주신 성전, 율법, 가나안 땅, 다윗 왕조는 이스라엘이 소중하게 여겨야 하는 가치임이 분명합니다. 그러나 그것들이 하나님을 대신할 수는 없습니다.

조금 더 확장해서 생각해 보면 구약 성경의 모든 이야기가 그렇습니다. 구약 성경은 신약 성경에 비해 현실적인 문제들을 이야기합니다. 그런데 그 현실적인 이야기들 자체에 우리의 시선을 머물게 하려는 것이 구약 성경의 목적은 아닙니다. 현실적 문제를 뛰어넘어 인간 본성, 곧 하나님 앞에서의 삶을 거부하는 죄의 심연을 마주하는 자리로 우리의 시선을 끌어 갑니다. 그 자리에서 우리는 '하나님 앞에서 우리는 어떤 존재인가'라고 하는 궁극적인 질문을 던지게 됩니다. 그리고 구약에는 우리보다 앞서 그런 질문에 대한 일종의 대답을 가졌던 이들의 구체적 삶과 그에 따른 교훈도 담겨 있습니다.

이런 내용을 본문 말씀과 연관해서 생각해 보겠습니다. 눈에 보이는 구체적 도시 국가, 자기들의 나라와 인접한 지역에 자리 잡고 있으며 역사적으로도 깊은 관계를 유지했던 두로의 영광과 멸망에 관한 이야기를 들었을 때, 유다 포로들은 어떤 마음이 들었을까요? 한 나라의 멸망을 목격하면서, 그 일이 자기들 시대에 우연히 일어나는 하나의 사건에 불과한 것이 아니라는 생각과 이런 상황에서 어떻게 위기를 극복해야 하고, 어떤 교훈을 얻어야 하는가 정도의 통찰에 그치지 않고 그런 생각들을 뛰어넘는 깊은 이해에 도달하게 됩니다. 거기서 이런 질문을 던지게 됩니다. '왜 이런 일들이 발생하는가. 이런 일들의 이면에는 도대체 무엇이 있는가?'

여기서 하나님이 경고하십니다. 두로라고 하는 부유한 국가의 이면에 무엇이 있는지 말씀하십니다. 그들에게는 '내가 하나님이다. 내가 하나님과 같다'라는, 하나님이 그냥 두고 보실 수 없는 깊은 교만이 있습니다. 그 교만은 인간이 가진 '하나님에 대한 거부'에 그 뿌리가 있습니다. 죄인은 왜 하나님같이 되고 싶어 할까요? 하나님을 받아들일 수 없기 때문입니다. 하나님이 필요하지 않다고 생각합니다. 그래서 스스로가 하나님이 되려고 하는 것입니다. 하나님은 선지자를 통해 이런 인간의 모습을 폭로하십니다.

하나님만이 하나님이시다

선지서는 얼핏 보면 판타지 같습니다. 지금 우리의 관점에서 보면 선지서에서 이야기하고 있는 예언들은 역사적 현실로 실현된 것들이기에 '엄중하신 하나님의 말씀이 이루어졌구나'라고 쉽게 수용할 수 있지만, 당대 청자들에게는 이 말씀이 뜬구름 잡는 이야기들처럼 들렸을 것입니다. 저 같은 회의주의자가 있었다면 이렇게 반발했을 것 같습니다. '지금 세계의 모든 경제를 지배하고 있는 두로가 패망한다고요? 그건 말이 되지 않습니다. 지금 모든 나라를 다스리며 절대적 주권을 행사하고 있는 바벨론이 패망할 것이라고요? 애굽이 패망할 것이라고요? 지금 이렇게 건재하고 있는 나라들이 흔적도 없이 사라질 것이라고요? 그런 말들은 우리 스스로를 위안하려고 만들어 낸 것이 아닙니까? 일종의 희망 고문, 약자의 소심한 복수 같은 것이 아닙니까?'

그런데 우리는 선지서의 예언이 역사 속에서 실현되었다는 것을 압니다. 두로에 관해서는 신약 성경의 복음서와 사도행전에도 나오는데 굉장히 흥미롭습니다. 우리가 이야기하고 있는 주제와 연결된 내용이 기록되어 있기 때문입니다. 사도행전 12장을 보면 헤롯이라는 왕이 나오는데 헤롯은 예수님의 제자들과 초대교회를 심하게 박해했던 왕입니다. 그런데 이 헤롯이 죽게 됩니다. 사도행전 12장 20절을 보겠습니다.

> 20 헤롯이 두로와 시돈 사람들을 대단히 노여워하니 그들의 지방이 왕국에서 나는 양식을 먹는 까닭에 한마음으로 그에게 나아와 왕의 침소 맡은 신하 블라스도를 설득하여 화목하기를 청한지라 21 헤롯이 날을 택하여 왕복을 입고 단상에 앉아 백성에게 연설하니 22 백성들이 크게 부르되 이것은 신의 소리요 사람의 소리가 아니라 하거늘 23 헤롯이 영광을 하나님께 돌리지 아니하므로 주의 사자가 곧 치니 벌레에게 먹혀 죽으니라 (행 12 : 20 – 23)

헤롯이 무슨 일로 두로와 시돈 사람들을 노여워했는지에 대한 구체적인 설명은 없습니다. 섬나라인 두로는 가나안 지역에서 나는 양식을 수입해서 먹어야 했기에 그곳을 다스리는 헤롯 왕에게 잘 보여야 했습니다. 그래서 왕의 침소를 맡은 신하, 곧 지금의 비서실장 같은 사람인 블라스도에게 돈을 주고 그를 설득하여 헤롯 왕과 화목할 수 있게 자리를 마련한 모양입니다. 헤롯 입장에서는 자기 마음에 들지 않았던 이들이 자기에게 와서 굴복하며 "우리를 용서해 주시고 우리에게 곡식을 베풀어 주십시오"라고 구걸하듯 요청한 것입니다. 이에 기분이 좋아진 헤롯 왕은 잔치를 베풀고 단상에 앉아서 백성들에게 멋있게 연설합니다. 그리고 백성들이 크게 이야기하기를, "와, 이 사람은 어떻게 이토록 연설을 잘하는가. 우리의 왕이 하는 이야기는 사람의 소리가 아니라 신의 소리와 같다"라고 극찬합니다.

그런데 23절을 보면 헤롯이 갑자기 벌레에게 먹혀 죽습니다. 권세를 과시하던 모습과 허무하게 죽는 모습이 대비되어 있습니다. 헤롯이 연설 후 정확히 며칠 만에 죽었는지는 모르겠지만, '인간이 가지고 있는 권세라는 것이 얼마나 덧없는 것인가. 인간이 과연 하나님 놀이를 할 수 있단 말인가. 가치나 재화나 모든 권력을 끝없이 생산하거나 유지할 수 있다고 해도 그 누가 하나님을 참칭할 수 있겠는가. 그럴 수 없다'라는 것이 성경의 증언입니다. 그리고 말씀이 이렇게 이어집니다.

24 하나님의 말씀은 흥왕하여 더하더라 (행 12 : 24)

베드로전서에도 이와 비슷한 말씀이 있습니다.

> 24 그러므로 모든 육체는 풀과 같고 그 모든 영광은 풀의 꽃과 같으니 풀은 마르고 꽃은 떨어지되 25 오직 주의 말씀은 세세토록 있도다 하였으니 너희에게 전한 복음이 곧 이 말씀이니라 (벧전 1:24-25)

우리는 이런 이해를 가진 사람들입니다. 귀한 설교 시간을 할애하여 시돈과 두로 지방이 취급하는 물품들에 대해 구체적으로 살펴본 이유가 있습니다. 굉장히 현실적이고 구체적인 물품들의 목록입니다. 당시 사람들이 필요로 하고 중요하게 거래하던 물건의 목록이 우리에게 낯설지 않다는 것은, 그때의 상황과 오늘의 상황이 크게 다르지 않다는 뜻입니다. 에스겔 시대에 살았던 주의 백성들과 오늘을 살아가는 우리의 처지가 크게 다르지 않습니다. 인간의 삶에는 특수한 면도 있지만, 보편적인 면이 더욱 큰 법입니다. 우리가 받는 도전은 언제나 비슷합니다. 주님이 다시 오시는 날까지 세상의 권력과 명예와 재물과 욕망에 관한 시험을 받지 않는 주의 백성은 없을 것입니다. 이것이냐 저것이냐를 선택하는 문제는 주님이 다시 오시지 않는 한, 우리가 죽어 주님 앞에 가지 않는 한 언제나 감당해야 하는 고민입니다.

이러한 고민 앞에 놓여 있는 우리는 '믿는 자는 어떤 기준을 가지고 있어야 하는가'라는 질문을 던지게 됩니다. 이런 우리에게 본문 말씀이 중요한 기준을 제공합니다. 우리가 만들어 낸 성취나 우리가 소유한 재물은 때때로 우리의 마음을 현혹합니다.

우리에게 하나님이 된 것 같은 기분을 제공합니다. 그러나 우리는 하나님이 아닙니다. 우리가 부러워하거나 두려워하거나 못마땅해하거나 선망하는 굉장한 권력이나 매력도, 대단하다고 생각하는 인물이나 집단도, 그것이 무엇이든지, 얼마나 대단하든지 그것은 절대 하나님일 수 없습니다.

하나님만이 하나님이십니다. 우리가 늘 해야 하는 고백입니다. 주님만이 존경과 경배를 받을 수 있다는 이 고백은, 우리 자신과 우리가 살아가는 현실에 대하여 긍정적 의미의 무심함이라고 할 수 있는 자세를 가지게 합니다. 잘못된 권력 구조가 만연하고 정의롭지 않은 개인이나 세력이 세상을 붙잡고 있는 현실 앞에서 무심한 듯이 살아가는 모습은 책임을 다하는 성도의 모습이 아닌 것같이 보이기도 합니다. 그러나 세상을 주관하는 것처럼 보이는 악한 권력자들에 의해 역사가 흘러가지 않으며, 세상은 하나님의 정의로운 손길에 붙잡혀 있음을 믿는 것이 하나님을 알아 가는 우리가 가져야 하는 올바른 이해입니다.

영원하지 않도다!

어느 주석가의 글을 인용하여 설교를 맺고자 합니다. 조금 긴 내용이지만 긴 분량만큼 우리에게 구체적인 지침을 주고 있다고 생각합니다. 영국에서 오랫동안 신학을 가르쳤던 크리스토퍼 라이트라는 구약 학자이자 선교 신학자인데, 그는 에스겔서의 두로에 관한 예언을 주석하면서 이런 이야기를 합니다.

두로의 경제적 권세와 애굽의 제국적 권세는 무상하다. 여호와가 주시고 여호와가 가져가신다. 다이아몬드도 독재자도 영원하지 않다. 그렇다면 우리가 사는 현대사회에서 그런 메시지는 어떤 점에서 성찰해 볼 내용을 제공하는가? … (중략) … 두로의 권세는 그 재물과, 지역 무역을 지배한 데서 오는 권세였다. 에스겔의 비유는 매우 인상적이다. 두로 국가라는 배는 전함이 아니라 상선이었다. 그 나라는 다른 나라들을 정복하고 무력으로 그들을 진압할 필요가 없었다. 그 나라는 경제적 제국주의를 통해 바다를 다스렸다. 물론 오늘날 세계 무역의 전체 형세는 극소수 거대한 존재들의 지배를 받고 있다. 미국, 유럽 연합, 일부 동아시아 경제가 그것이다. 하지만 점차 경제적 지배는 나라들의 범위를 넘어서, 회사들에 의해 이루어지고 있는데, 그 회사들 중 일부는 믿을 수 없을 만큼 부유한 개인들이 좌지우지한다. 그들은 두로의 왕처럼 엄청난 경제 피라미드 꼭대기에 앉아 있다. (크리스토퍼 라이트, 《BST시리즈, 에스겔 강해》, IVP, 372-373쪽)

크리스토퍼 라이트는 이 글에서, 오늘날 세계 경제를 좌지우지하는 부유한 개인들의 권세가 에스겔서에서 말하는 두로의 경제적 권세와 비슷하다고 지적합니다. 그들은 두로가 그랬듯이 자의에 의해서든 타의에 의해서든 하나님처럼 여겨집니다.

그러한 거인들이 휘두르는 권세는 어마어마하며, 분명 성경에서 인간사의 세상에서 역사하고 있다고 말하는 인간 이상의 '정사와 권세'에 포함될 자격을 충분히 갖추고 있다. '특정 상표'가 지닌 사회적·'영적' 권세와 영향력은 이루 헤아릴 수 없다. 회사들이 그들의 디자이너 제품을 가지고 전 세계를 완전히 초토화하려 하기 때문이다. (같은 책, 373-374쪽)

이어지는 내용에서는 여러 회사의 이름을 구체적으로 언급합니다. 혹시 이 회사들의 제품을 선호하거나 이 회사에서 일하는 분들은 양해하고 봐 주기 바랍니다.

> 맥도날드, 코카콜라, 나이키, 마이크로소프트 같은 이름들은 제품을 제공할 뿐 아니라, 생활 방식과 문화를 규정하고 그들이 규정하는 가치관을 꽉 붙잡도록 하면서 전 세계에 두 다리를 떡 버티고 서 있다. 특정 상표들은 젊은이들을 유혹하며 그들의 부모들을 가난하게 만든다. (같은 책, 374쪽)

우리나라에서도 아이들이 사 달라고 조르는 특정 장난감이나 청소년들 사이에서 유행하는 명품 옷 등을 소위 '등골 브레이커'라고 부릅니다. 아이들의 기호와 취향을 맞추어 주려다 보니 아이들이 선호하는 특정 상품만을 사 줘야 하는데 그 가격이 만만치 않아서 사 주다 보면 가정 경제가 흔들릴 정도라는 뜻입니다. 장난감이나 옷은 일상생활에서 필요한 것들이니 그것을 생산하고 소비하는 일이 무슨 잘못이겠습니까. 그러나 이런저런 방법들을 동원하여 지배적 영향력을 행사하는 회사들의 지나친 만행을 가만히 두고 볼 수는 없는 노릇입니다. 특정 상표의 운동화나 가방이 있으면, 마치 자유를 누릴 수 있는 것처럼 소비자를 현혹하고, 특정 휴대 전화를 만든 이가 단지 뛰어난 기능의 휴대 전화를 만든 개발자 정도가 아니라 거의 예수와 필적할 만한 인물로 높임을 받고 있다면, 우리는 믿는 자로서 그런 일에 동조하거나 침묵할 수 없습니다.

세계 경제에 점점 더 많은 부분이 점점 더 소수의 강력한 존재들에 의해 통제되는 듯이 보인다. 여기에는 코나그라와 몬산토같은 거대한 농업 관련 사업이 전 세계 식량 공급을 지배하는 것, 루퍼트 머독의 뉴스 인터내셔널, 타임 워너, 디즈니, 베텔스만 같은 거인들이 뉴스, 정보, 연예 매체를 가차없이 지배하는 것 등이 포함된다. 이 거인들이 세계 경제의 그처럼 많은 부분을 지배하고 통제하는 것에 덧붙여 그들에게 편승한 일부 개인들이 쌓아올린 재산은 더없이 역겨운 것이다. 세계에서 가장 부유한 여섯 명은 각각 세계에서 가장 가난한 열 나라를 합한 것보다 더 부유하다는 사실은 에스겔의 분노와 수사법을 자극하였을 것이 분명한 섬뜩하고도 왜곡된 현실이다. (같은 책, 374쪽)

만일 에스겔이 이 시대를 살고 있는 사람이라면 이러한 현실에 대해서 침묵하지 않았을 것이라고 표현합니다. 그들의 상업 행위 자체가 무슨 잘못이겠습니까. 하나의 상품을 만들고 그 상품을 유통하는 행위가 왜 잘못된 것이겠습니까. 이스라엘에서 밀을 생산하는 것이 왜 잘못이겠습니까. 그 밀을 밀이 필요한 다른 지역에 유통해 주는 것이 왜 잘못이겠습니까. 그러나 인간의 죄성은 어디에나 달라붙을 수 있다는 사실을 늘 기억해야 합니다. 이윤을 추구하는 과정에서 사람들을 통제하고 지나치게 많은 부를 획득하고 그 획득한 부를 통하여 마치 자신이 하나님인 것처럼 여기는 태도를 지적하고 있는 것입니다. 그런 현상에 대해 누군가 아니라고 이야기해야 하지 않을까요? '당신은 하나님이 아닙니다. 당신이 국제적인 기업의 CEO고, 소유주이고, 한 나라 혹은 몇 나라를 합친 것보다 더 많은 부를 가지고 있고, 더 큰 영향력을 가지고 있다고 할지라도 당신은 하나님이 아니다'라고 이야기하는 사람들이 있어야 합니다. 그렇게 인식하고 말하는 이들이 있어야 그런 사람들이 신이라도 되는 양 권력을 휘두르지 못하게 되는 것 아닐까요. 그런데 오히려 그런 사람들을 부러워하고, 때로는 존경하는 정도도 모자라 숭배하고, 위인이라고 여기고 '다음 세상에 태어나면 나도 만수르 같은 부호의 아들로 태어나고 싶다'라고 생각한다면 믿는 자로서 참으로 부끄러운 일입니다. 주석을 조금 더 읽어 보겠습니다.

> 하지만 에스겔의 메시지는, 모든 선지자들의 메시지와 마찬가지로, 그들이 영원히 지속되지 못하리라는 것이다. 인간 권세의 역사에 나타난 이 근본적인 성경적 유형은 위안이자 동시에 경고이며, 어느 모로 보든 끔찍한 예상이다. 바벨론에 포로로 갇혀 있는 사람들에게는 바벨론의 때가 오리라는 것은 위안이 되는 말이었다. 오늘날도 공산주의와 인종 차별 정책의 붕괴는 억압적 체계에 갇혀 있는 사람들에게 소망을 준다. 하지만 에스겔의 예언들은 또한 포로들에게 애굽 같은 다른 세계 강대국을 믿으려는 유혹에 넘어가지 말라고 경고한다. 그런 곳에 소망을 두면 환멸과 배신을 당하게 되어 있기 때문이다. 마찬가지로 오늘날도 세계화된 물질주의라는 신을 궁극적으로 믿는 사람들은, 모든 거짓 신들과 마찬가지로 그 신들도 실패할 것이며 자신을 예배하는 자들을 지켜 주지 못한다는 것을 알게 될 것이다. (같은 책, 374-375쪽)

두로에 관한, 그리고 당시 유다 주변의 열강들에 대한 에스겔의 예언을 한마디로 요약하면 '영원하지 않도다!'입니다. 두로에 관한 에스겔의 예언을 읽을 때 저는 19, 20세기 초의 대영 제국이 생각났습니다. 그들은 섬나라지만 군사력과 경제력으로 전 세계를 지배했습니다. 그런데 오래가지 못했습니다. 그리고 앞에서 길게 인용했던 주석은 대영 제국의 후손인 한 영국 사람이 쓴 글입니다.

'영원하지 않다. 세상에 있는 그 어떤 것도 영원할 수 없다. 주의 말씀만이 영원하다'라는 성경의 주장을 되새기며 이 세계를 새롭게 해석하는 우리가 되었으면 합니다. 세계를 지배하고 있는 세력들, 세계 속에서 지금도 펼쳐지고 있는 인간 본성의 가장 비열한 측면들, 악마라고 부를 수 있을 만큼 타락하고 패역한 관점들을 오히려 정상으로 여기라는 강요가 넘치는 현실입니다. 그러나 그 속에서 세상의 이해와 질서를 거절하며 하나님이 주시는 새로운 마음으로, 성경에 기록된 역사를 제대로 이해하는 관점으로 현재를 해석하고 해체하여, 하나님이 이루실 새로운 나라를 꿈꾸며 살아가는 우리가 되기를 주님의 이름으로 권면합니다.

기도

하나님, 주님께서 이 땅에 다시 오실 때까지 우리의 역사가, 인류의 역사가 얼마나 지속될지 우리는 알지 못합니다. 주님, 당신께서 다시 오실 때까지 우리는 여전히 세상의 신들이 지배하는 것 같고, 세상의 가치들이 지배하는 것 같고, 물질과 폭력과 권세가 하나님 노릇을 하는 것 같은 세상을 살게 될 것입니다. 그러나 이런 현실 속에서 주의 말씀으로 인도받는 주의 백성들은 그러한 거짓된 신들에 대해서, 자기 자신을 신처럼 높이며 권세를 행사하려는 이들에 대해서, 모든 이데올로기와 물질주의에 대해서, 하나님 앞에 높아진 모든 바벨탑에 대해서, 그것들은 하나님이 아니라는 주의 말씀을 떠올리게 하옵소서. 세상의 질서에 굴복하지 않고 당당히 서서 주의 백성답게 사는, 주의 통치를 받는 자들답게 사는, 명예로운 주의 백성이자 하나님 나라의 시민들이 되도록 우리의 삶을 붙드시고 돌보아 주시옵소서. 우리의 구주이신 예수님의 이름으로 기도합니다. 아멘.

04

세상이 감당하지 못하는 자

강선

24 이스라엘 족속에게는 그 사방에서 그들을 멸시하는 자 중에 찌르는 가시와 아프게 하는 가시가 다시는 없으리니 내가 주 여호와인 줄을 그들이 알리라 25 주 여호와께서 이같이 말씀하셨느니라 내가 여러 민족 가운데에 흩어져 있는 이스라엘 족속을 모으고 그들로 말미암아 여러 나라의 눈 앞에서 내 거룩함을 나타낼 때에 그들이 고국 땅 곧 내 종 야곱에게 준 땅에 거주할지라 26 그들이 그 가운데에 평안히 살면서 집을 건축하며 포도원을 만들고 그들의 사방에서 멸시하던 모든 자를 내가 심판할 때에 그들이 평안히 살며 내가 그 하나님 여호와인 줄을 그들이 알리라 (겔 28:24-26)

외부 환경

예루살렘의 멸망이 예언된 것은 에스겔 24장에서였습니다.

> 1 아홉째 해 열째 달 열째 날에 여호와의 말씀이 내게 임하여 이르시되 2 인자야 너는 날짜 곧 오늘의 이름을 기록하라 바벨론 왕이 오늘 예루살렘에 가까이 왔느니라 (겔 24:1-2)

실제로 예루살렘 함락 소식이 전해진 것은 에스겔 33장에 이르러서입니다.

> 21 우리가 사로잡힌 지 열두째 해 열째 달 다섯째 날에 예루살렘에서부터 도망하여 온 자가 내게 나아와 말하기를 그 성이 함락되었다 하였는데 22 그 도망한 자가 내게 나아오기 전날 저녁에 여호와의 손이 내게 임하여 내 입을 여시더니 다음 아침 그 사람이 내게 나아올 그 때에 내 입이 열리기로 내가 다시는 잠잠하지 아니하였노라 (겔 33:21-22)

예루살렘 최후의 날이 시작된 후 에스겔서는 여러 장에 걸쳐 다른 주제를 다루고 그다음에야 실제로 그 소식이 전해진 사건을 기록하고 있습니다. 그 사이 기간이 대략 3년 정도 되는데, 에스겔서는 그 사이, 곧 25장에서 32장까지를 유다 주변에 있던 여러 나라들에 대한 예언으로 채우고 있습니다. 선지자의 메시지는 이스라엘 족속을 향한 것일 텐데, 왜 여기서는 많은 분량으로 다른 나라들에 대한 이야기를 하는가 하는 생각이 듭니다. 에스겔이 여러 나라들에 대해 예언을 한다 해도, 그 나라들은 듣지 않을 텐데, 왜 이렇게 긴 분량이 할애되어 다른 나라에 관한 말씀이 등장하는 것일까요.

우리의 평소 행동을 생각해 보면, 그리 어렵지 않게 이해될 수도 있습니다. 우리는 중요한 일을 결정할 때 늘 외부 환경을 고려하기 마련입니다. 시험을 잘 보려면, 먼저 출제 경향을 파악해야 하고, 회사의 면접시험에 임하려면 회사가 사원에게 요구하는 조건이 무엇인지 먼저 살펴야 합니다.

외부 환경은 늘 우리에게 큰 영향을 끼치기 마련이니 그 동향에 관심을 기울이는 것은 당연한 일입니다. 사실, 외부 환경의 영향은 그저 '크다'라고 말할 정도가 아닙니다. 이를테면, 한 시대는 개인에게 결정적인 힘을 발휘합니다.

우리 사회도 그런 일을 경험했습니다. 90년대 중반까지만 해도 한국은 경기가 나쁘지 않았습니다. 대학생들은 공부를 적당히 해도 졸업 후 취직해서 밥 먹고 사는 데 큰 지장이 없었습니다. 그런데 90년대 말에 IMF 사태가 터지자, 어떤 회사에서도 사람을 채용하지 않는 상황이 벌어졌습니다. 공부를 아무리 열심히 해도 기회를 얻지 못하게 되었습니다. 입학할 때와 졸업할 때 세상이 완전히 뒤집어진 것입니다.

역사를 되돌아보면, 이 정도는 대단한 것도 아닙니다. 제1차 세계대전 때 영국의 이십 대 남자들은 세대 자체가 아예 사라질 지경에 처합니다. 전쟁이 끝나자 열 명 가운데 한 명만 남게 되었습니다. 이렇듯 환경의 변화는 한 인생의 방향을 완전히 바꾸어 놓습니다.

외부 환경에 주목하는 일은 이루 말할 수 없이 중요하다고 할 수 있습니다. 개인이 삶을 열심히 일구어도 그것과 아무 상관없이 개인의 삶을 뒤흔드는 상황이 마구 펼쳐집니다. 이건 비단 개인만의 문제가 아니어서, 회사에서 경영 전략 같은 것을 세울 때에도 언제나 외부 환경의 동향을 주시하기 마련입니다. 어떤 움직임이 있는지, 그것이 자기에게 위협이 되는지, 기회가 되는지를 늘 살핍니다. 이런 시각에서 우리의 처지를 생각하면, 떨리고 불안해 잠도 제대로 못 잘 일이 비일비재합니다.

이런 점을 염두에 둘 때, 유다의 패망 기운이 짙게 깔린 에스겔서 전체 48장 가운데 외부 환경에 관한 내용이 여덟 장뿐인 것은 오히려 적은 분량이라고 할 정도입니다. 요즘 대학 진학 설명서를 보면, 그 어떤 참고서보다도 두껍습니다.

에스겔서는 유다, 곧 이스라엘 족속의 현재와 미래에 관해 이야기하고 있으니, 이 나라의 전망이 어떨지 묻는다면, 고개를 들어 그 주변 환경을 둘러보게 되는 것입니다. 유다는 강대국도 아니니, 옆 나라들이 어떻게 움직이느냐에 따라 이리 휘청 저리 휘청할 것입니다.

이웃 나라들

25장부터 유다 주변의 나라들에 대한 예언이 기록되어 있습니다. 처음 나오는 것은 암몬입니다. 유다의 북동쪽에 있던 암몬으로부터 시작해서 시계 방향으로 유다의 이웃 나라들이 열거됩니다. 이어서 암몬 아래의 모압, 모압 아래쪽이자 유다 남쪽에 있는 에돔이 나옵니다. 거기서 유다 국경 남쪽을 오른쪽으로 두고 지나 서쪽으로 가면, 유다 남서쪽에 블레셋이 있는데, 그곳에 대한 예언으로 25장이 끝납니다. 다시 블레셋에서 북쪽으로 올라가면 두로가 나오는데, 두로에 대한 예언이 26장에서 28장까지 이어집니다. 그 위 더 북쪽에 있던 시돈 이야기로 28장이 마무리됩니다.

유다에서 거리가 좀 되지만, 저 남쪽에는 애굽이 있었습니다. 애굽 이야기가 29장에서 32장에 걸쳐 나옵니다. 에스겔서에 여러 번 언급된 대로 유다는 바벨론에 의해 망할 것이었습니다. 가장 무서운 위협은 바벨론이었는데, 바벨론과 대적할 수 있는 유일한 나라가 애굽이었습니다. 바벨론을 두려워하던 유다가 기댈 만한 유일한 제국이었습니다. 애굽은 거리로는 좀 떨어져 있지만, 유다의 운명에 각별한 영향을 끼칠 힘이 있는 나라였기 때문에 여기서 길게 언급된다고 할 수 있습니다. 이제 예언의 내용을 전체적으로 살펴보겠습니다.

이 여러 나라들의 모습을 보면, 공통적인 면모가 확인됩니다. 먼저, 암몬부터 봅시다.

> 3 너는 암몬 족속에게 이르기를 너희는 주 여호와의 말씀을 들을지어다 주 여호와께서 이같이 말씀하셨느니라 내 성소가 더럽힘을 받을 때에 네가 그것에 관하여, 이스라엘 땅이 황폐할 때에 네가 그것에 관하여, 유다 족속이 사로잡힐 때에 네가 그들에 대하여 이르기를 아하 좋다 하였도다 (겔 25 : 3)

> 6 주 여호와께서 이같이 말씀하셨느니라 네가 이스라엘 땅에 대하여 손뼉을 치며 발을 구르며 마음을 다하여 멸시하며 즐거워하였나니 (겔 25 : 6)

암몬은 이스라엘 땅이 황폐하게 되니까 '아하, 좋다!' 하고 외칩니다. 유다가 망한다는 소식을 들으니까, 마치 온천 탕에라도 들어간 것처럼 탄성이 나옵니다. 곤경에 처한 유다의 모습에 너무 기뻐서 가만히 있지를 못하는 암몬의 모습입니다.

암몬 아래 위치한 모압에 대한 내용이 이어서 나옵니다. "주 여호와께서 이같이 말씀하셨느니라 모압과 세일이 이르기를 유다 족속은 모든 이방과 다름이 없다 하도다"(겔 25:8). 유다의 곤경을 보고 모압은 한마디 얹습니다. '그렇게 잘난 척하더니.' 늘 자기는 별종인 것처럼 잘난 척하더니, 이제 유다도 다를 바 없이 쫄딱 망하게 되었구나 하고 고소해합니다.

이어 유다의 동남쪽에 있는 에돔에 대한 이야기가 나옵니다. "주 여호와께서 이같이 말씀하셨느니라 에돔이 유다 족속을 쳐서 원수를 갚았고 원수를 갚음으로 심히 범죄하였도다"(겔 25:12). 에돔은 유다를 향한 원한이 있어서 복수하려고 마음먹고 있었는데, 드디어 기회를 잡은 모양입니다.

이제 서쪽으로 가면 바닷가에 블레셋이 있습니다. 유다의 남서쪽입니다. 이들의 모습에 대해 하나님이 말씀하십니다. "주 여호와께서 이같이 말씀하셨느니라 블레셋 사람이 옛날부터 미워하여 멸시하는 마음으로 원수를 갚아 진멸하고자 하였도다"(겔 25:15). 이들은 '옛날부터' 이스라엘을 미워하였습니다. 이스라엘 족속을 멸망시키려고 복수심에 불타오릅니다.

다시 북쪽으로 올라가면 두로가 나옵니다. 그들은 예루살렘의 문이 깨어진 것을 기뻐하며, 자기들에게 좋은 기회가 열렸다고 기뻐합니다. "인자야 두로가 예루살렘에 관하여 이르기를 아하 만민의 문이 깨져서 내게로 돌아왔도다 그가 황폐하였으니 내가 충만함을 얻으리라 하였도다"(겔 26:2).

이제 성경을 몇 장 건너뛰어 마지막으로 남은 나라 애굽에 대한 내용을 살펴봅시다. 유다는 애굽을 의지했습니다.

> 6 애굽의 모든 주민이 내가 여호와인 줄을 알리라 애굽은 본래 이스라엘 족속에게 갈대 지팡이라 7 그들이 너를 손으로 잡은즉 네가 부러져서 그들의 모든 어깨를 찢었고 그들이 너를 의지한즉 네가 부러져서 그들의 모든 허리가 흔들리게 하였느니라 (겔 29:6-7)

유다는 애굽을 지팡이처럼 의지했으나, 애굽은 갈대 지팡이였습니다. 애굽밖에 믿을 게 없어서 지팡이를 짚듯 애굽에 기댔던 모양인데, 갈대로 만든 지팡이여서 금세 부러져 버렸습니다. 지팡이에 기댔던 유다는 부러진 지팡이에 찔려 어깨가 찢어지고 허리가 꺾였습니다.

유다의 이웃 나라들에는 공통점이 있습니다. 하나같이 유다를 싫어합니다. 사방에 있는 모든 이웃이 다 유다를 싫어하니, 유다의 앞날은 참 어두워 보입니다. 앞에서 보았듯, 두로는 예루살렘이 '황폐하였으니 내가 충만함을 얻으리라' 하고 생각합니다. 이스라엘 족속의 실패와 곤경을 성공의 기회로 여기는 이웃들입니다.

이들을 유난히 비난할 것도 없습니다. 우리도 쉽게 공감할 수 있는 정서입니다. 같은 시험을 준비하는 사람이 사정이 생겨서 시험을 못 보게 되면, 우리는 기회라고 느낍니다. 혹 나보다 능력 있는 사람이 내가 준비하는 시험에 응시하기로 했다는 말을 들으면, 기운이 빠질 것입니다. '유다가 고꾸라졌으니, 내가 붙겠구나.' 두로는 그런 마음입니다.

원래부터 이스라엘 족속을 좋아하지 않았으니까, 이웃들은 아예 유다의 어디를 부러뜨려서라도 시험에 응시하지 못하게 만들고 싶은 심정이었습니다. 유다의 멸망에 사방의 이웃들이 기쁨으로 들썩이고 있습니다. 그러니 묻게 됩니다. '이 불쌍한 유다는 어떻게 하면 좋을까.'

유다는 정말 이웃 생각은 하지 않고 지내 온 것 같습니다. 얼마나 생각 없이 살았는지, 어쩌면 이렇게 하나도 빠지지 않고 다 유다가 잘못되는 걸 좋아하나 싶습니다. 유다는 하나님에게 내내 죄인이라고 꾸중을 듣고 있었는데, 하나님에게만이 아니라 이웃에게도 악한(惡漢)이었던 모양입니다. 하나님에게 하는 걸 보면, 이웃한테도 얼마나 엉망이었을지 짐작은 됩니다.

오해, 이들의 미래

그런데 이 이웃 관계에는 특이한 면이 하나 있습니다. 성경은 유다의 이웃이 잘못 생각한 것이 있다고 알려 줍니다. 이들에게는 결정적 실수가 있었습니다. 이스라엘 족속은 여느 족속들과는 다르다는 점을 놓친 것입니다. 이스라엘 족속은 처음부터 다른 성질을 지녔습니다. 이 족속이 생겨난 유래가 창세기에 나옵니다.

1 여호와께서 아브람에게 이르시되 너는 너의 고향과 친척과 아버지의 집을 떠나 내가 네게 보여 줄 땅으로 가라 2 내가 너로 큰 민족을 이루고 네게 복을 주어 네 이름을 창대하게 하리니 너는 복이 될지라 3 너를 축복하는 자에게는 내가 복을 내리고 너를 저주하는 자에게는 내가 저주하리니 땅의 모든 족속이 너로 말미암아 복을 얻을 것이라 하신지라 (창 12:1-3)

이 족속이 처음 출범할 때, 하나님이 말씀하셨습니다. '너를 축복하는 자에게는 내가 복을 내리고, 너를 저주하는 자는 내가 저주하겠다. 땅의 모든 족속이 너로 말미암아 복을 얻을 것이다.' 이스라엘한테 어떻게 행동하느냐에 따라 운명이 결정될 것이라는 말씀입니다.

이후 아브라함의 족적을 보면, 정말로 그러했습니다. 아브라함을 건드리고도 아무 일이 없었던 경우는 없습니다. 악의가 있든 없든 간에, 아브라함을 잘못 건드리면 고생이 컸습니다. 애굽의 왕 바로는 아브라함의 아내 사래를 불러들인 바람에 큰 재앙을 겪습니다. 그랄의 왕 아비멜렉이라는 아브라함의 이웃도 역시 그의 아내를 불러들였다가 나라 전체가 불임에 빠지는 일을 겪습니다.

아브라함 자손들의 경우도 마찬가지였습니다. 여호수아서에 보면, 이스라엘 족속은 40년 동안 광야에서 풍찬노숙한 후 거지 꼴로 가나안에 들어가는데, 오히려 가나안이 초토화됩니다. 가나안 족속들은 자기들이 왜 패배하는지도 모르면서 계속 패배합니다. 이스라엘 역사가 이제껏 내내 그래 왔습니다.

이스라엘이 망하고 유다가 멸망의 위기에 빠진 것은 힘센 누가 이들을 건드려서 생긴 일이 아닙니다. 이런 이스라엘 족속의 특별한 점을 모르고, 유다에 대해 함부로 좋지 못한 마음을 품으면, 그들이 겪을 일은 하나님의 말씀대로입니다. 다시 에스겔서 본문을 봅시다.

이스라엘이 잘못되기를 바랐던 이웃 나라들의 운명이 열거됩니다. 먼저, 암몬은 만민 중에서 끊어질 것입니다.

> 5 내가 랍바를 낙타의 우리로 만들며 암몬 족속의 땅을 양 떼가 눕는 곳으로 삼은 즉 내가 주 여호와인 줄을 너희가 알리라 (겔 25:5)

> 7 그런즉 내가 손을 네 위에 펴서 너를 다른 민족에게 넘겨 주어 노략을 당하게 하며 너를 만민 중에서 끊어 버리며 너를 여러 나라 가운데에서 패망하게 하여 멸하리니 내가 주 여호와인 줄을 너희가 알리라 하셨다 하라 (겔 25:7)

랍바는 암몬의 수도입니다. 높은 곳에 성벽을 쌓아서 아무도 건드리지 못하게 한 도시인데, 그곳이 낙타 우리로 변해, 짐승의 분뇨 냄새로 가득한 곳이 된다고 합니다.

그 아래 모압은 암몬과 함께 넘겨져 둘 다 다시는 기억되지 않을 것입니다. "암몬 족속과 더불어 동방 사람에게 넘겨 주어 기업을 삼게 할 것이라 암몬 족속이 다시는 이방 가운데에서 기억되지 아니하게 하려니와"(겔 25:10).

남쪽으로 더 내려가면 나오는 에돔은 사람은커녕 짐승도 살 수 없는 황폐한 땅이 될 것입니다. '주 여호와께서 이같이 말씀하셨느니라 내가 내 손을 에돔 위에 펴서 사람과 짐승을 그 가운데에서 끊어 데만에서부터 황폐하게 하리니 드단까지 칼에 엎드러지리라'(겔 25:13).

서쪽 블레셋은 남김없이 진멸될 것입니다. '주 여호와께서 이같이 말씀하셨느니라 내가 블레셋 사람 위에 손을 펴서 그렛 사람을 끊으며 해변에 남은 자를 진멸하되'(겔 25:16).

다시 북쪽으로 올라가면 나오는 두로에 대한 내용을 봅시다. 그들은 유다의 황폐한 땅을 바라보며 기회를 얻었다고 웃음 짓고 있습니다. 그러나 그들은 이스라엘 족속과 함께 계신 하나님을 보지 못합니다.

> 2 인자야 두로가 예루살렘에 관하여 이르기를 아하 만민의 문이 깨져서 내게로 돌아왔도다 그가 황폐하였으니 내가 충만함을 얻으리라 하였도다 3 그러므로 주 여호와께서 이같이 말씀하셨느니라 두로야 내가 너를 대적하여 바다가 그 파도를 굽이치게 함 같이 여러 민족들이 와서 너를 치게 하리니 4 그들이 두로의 성벽을 무너뜨리며 그 망대를 헐 것이요 나도 티끌을 그 위에서 쓸어 버려 맨 바위가 되게 하며 5 바다 가운데에 그물 치는 곳이 되게 하리니 내가 말하였음이라 주 여호와의 말씀이니라 그가 이방의 노략거리가 될 것이요 6 들에 있는 그의 딸들은 칼에 죽으리니 그들이 나를 여호와인 줄을 알리라 (겔 26:2-6)

두로는 사방에서 물산이 모이는 무역의 중심지였습니다. 두로에는 없는 게 없었습니다. 그러나 이제 두로는 바닷가의 맨 바위가 될 것입니다. 아무것도 남지 않을 그곳은 그물을 치는 곳이 될 것입니다. 다른 용도를 찾을 수 없어서 겨우 그물을 말리는 데에나 쓸 장소가 됩니다.

유다를 보고 좋지 못한 마음을 품은 이웃들은 아주 결딴이 납니다. 유다는 훌륭하고 착한데 힘없는 희생자여서 벌어지는 일이 아닙니다. 하나님은 이들이 멋진 이들이어서 도와주시는 것이 아닙니다. 유다가 착한지 아닌지, 그들에게 능력이 있는지 없는지는 중요한 요인이 아닙니다.

왜 유다의 이웃들에게 이런 일이 벌어질까요. 유다는 다른 존재여서 그렇습니다. 물론 이들에게는 여러 문제가 있습니다. 앞에서 보았듯 죄를 많이 지어서 하나님에게 벌을 받아야 합니다. 그러나 그건 하나님과 이스라엘 족속 사이의 일입니다.

유다가 아무리 잘못해도, 그걸 가지고 이웃 나라들이 기회로 사용할 수는 없습니다. 뭣도 모르고 건드리면, 오히려 자기들이 거덜 납니다. 이것이 하나님 백성의 특이한 점입니다. 무엇 하나 잘하는 것이 없는데, 여느 존재와는 다른 운명입니다.

이웃이 이것을 알아본 경우가 아브라함 시대에 있습니다. 그랄의 왕 아비멜렉이라는 사람은 뭘 제대로 모른 채 아브라함의 아내를 자기 소실로 삼으려고 했습니다. 큰 어려움에 빠질 뻔했던 아비멜렉은 상황이 정리된 후 아브라함을 찾아옵니다.

> 22 그 때에 아비멜렉과 그 군대 장관 비골이 아브라함에게 말하여 이르되 네가 무슨 일을 하든지 하나님이 너와 함께 계시도다 23 그런즉 너는 나와 내 아들과 내 손자에게 거짓되이 행하지 아니하기를 이제 여기서 하나님을 가리켜 내게 맹세하라 내가 네게 후대한 대로 너도 나와 네가 머무는 이 땅에 행할 것이니라
> (창 21 : 22-23)

아비멜렉은 아브라함에게 아예 못을 박자고 합니다. 자기는 이제까지 아브라함한테 해코지하거나 잘못한 것이 하나도 없으니

까, 그 점을 분명히 확인해 달라고 합니다. 아브라함이 사는 것을 가만히 보니까, 아무래도 그의 삶은 자기 예측이나 경험을 뛰어넘더라는 것입니다.

이것은 이웃들뿐만 아니라 이스라엘 족속 스스로도 기억해야 하는 점이었습니다. 자기들도 모르게, 그들은 다른 존재였습니다. 그러니 그들은 우리가 흔히 하는 식으로 외부 환경을 바라보아서는 안 되었습니다.

하나님의 백성은 자신이 다르다는 것을 알고 이웃을 바라보아야 합니다. 이스라엘이 보고 두려워 떨 존재는 이웃들, 그 대단한 제국들이 아니었습니다. 그들이 두려워할 존재는 따로 있습니다. 외부를 보고 기회와 위협을 계산하는 것은 하나님 백성으로서 너무 어리숙한 대응입니다.

여기서 이스라엘의 이웃 나라들의 운명에 대해 좀 더 생각할 점이 있습니다. 이들은 왜 망할까요. 이 이웃 나라들의 멸망은 그들이 이스라엘을 미워하는 바람에 하나님이 열 받으셔서 생긴 일이 아닙니다. 그들이 무너지는 궁극적인 이유가 에스겔서에 나옵니다.

특별히 두로와 애굽에 대한 긴 예언이 있습니다. 두로에 대해서는 26장에서 28장까지 세 장을 할애하고, 애굽에 대해서는 29장에서 32장까지 네 장을 따로 떼어 이야기합니다. 여기에 그들이 얼마나 처절하게 무너질 것인지가 묘사됩니다.

이를테면, 두로의 운명에 대한 예언은 인상적인 이미지로 둘러싸여 있습니다. 이들의 심판은 '맨 바위가 되게 하며'(겔 26:4),

'그물 치는 곳이 되게 하리니'(겔 26:5)라는 말로 시작하여 '너를 맨 바위가 되게 한즉 네가 그물 말리는 곳이 되고'(겔 26:14)라는 말로 마칩니다. 여기에 나라가 있었는가 하는 생각이 들 정도가 될 거라는 이야기입니다. 애굽에 대한 예언도 살펴봅시다.

> 2 인자야 너는 애굽의 바로 왕에 대하여 슬픈 노래를 불러 그에게 이르라 너를 여러 나라에서 사자로 생각하였더니 실상은 바다 가운데의 큰 악어라 강에서 튀어 일어나 발로 물을 휘저어 그 강을 더럽혔도다 (겔 32:2)

애굽은 스스로를 여러 나라 위에서 호령하는 사자라고 생각했습니다. 그런데 실제로는 바닷속 큰 악어일 뿐이랍니다. 하나님이 보시기에는 사자가 아니라 악어입니다. 하나님은 악어를 이렇게 다루십니다.

> 3 주 여호와께서 이같이 말씀하셨느니라 내가 많은 백성의 무리를 거느리고 내 그물을 네 위에 치고 그 그물로 너를 끌어오리로다 4 내가 너를 뭍에 버리며 들에 던져 공중의 새들이 네 위에 앉게 할 것임이여 온 땅의 짐승이 너를 먹어 배부르게 하리로다 5 내가 네 살점을 여러 산에 두며 네 시체를 여러 골짜기에 채울 것임이여 6 네 피로 네 헤엄치는 땅에 물 대듯 하여 산에 미치게 하며 그 모든 개천을 채우리로다 (겔 32:3-6)

악어는, 한때를 즐길 재미난 사냥감에 불과합니다. 애굽은 악어처럼 사냥될 것입니다.

왜 이들에게 이런 처절한 미래가 예정되어 있는 것일까요. 예언 속에서 그 이유를 찾을 수 있습니다. 두로는 자신에 대해 이렇게 생각했습니다.

> 3 너는 두로를 향하여 이르기를 바다 어귀에 거주하면서 여러 섬 백성과 거래하는 자여 주 여호와께서 이같이 말씀하시되 두로야 네가 말하기를 나는 온전히 아름답다 하였도다 (겔 27:3)

'나는 온전히 아름답다! 내 아름다움을 위해 더 필요한 것은 없다'라고 합니다. 어디에 허리 굽힐 일 없이 충족합니다. 두로를 다스리는 왕은 자신을 신이라고 생각하는 것입니다.

> 2 인자야 너는 두로 왕에게 이르기를 주 여호와께서 이같이 말씀하시되 네 마음이 교만하여 말하기를 나는 신이라 내가 하나님의 자리 곧 바다 가운데에 앉아 있다 하도다 네 마음이 하나님의 마음 같은 체할지라도 너는 사람이요 신이 아니거늘 (겔 28:2)

애굽도 마찬가지입니다. 애굽의 왕은 자신에게서 큰 위엄을 발견합니다. "인자야 너는 애굽의 바로 왕과 그 무리에게 이르기를 네 큰 위엄을 누구에게 비하랴"(겔 31:2). 그는 자신을, 천하에 군림하는 사자라고 생각합니다. 하나님이 애굽의 왕에게 가르쳐 주신 진실에 따르면, 그는 겨우 사냥감 악어일 뿐인데 말입니다. 하는 일이라고는 겨우 강이나 휘저어 더럽히는 것뿐입니다.

하나님은 두로와 애굽을 거론하시며 유다를 둘러싼 만국에 묻고 계십니다. '정말 너희가 신이냐. 너희가 여호와 하나님과 같으냐.'

그들이 망한 이유가 여기에 있습니다. 그들은 근본에서부터 잘못 생각했습니다. 사실에 부합하지 않는 착각에 빠져 있었습니다. 이들은 피조물이지, 하나님이 아닙니다. 굉장히 잘난 척하고 있지만, 실상은 아무것도 아닙니다.

이제까지 살펴본 내용 중에 언급되지 않은 나라가 하나 있습니다. 가장 압도적인 존재인 바벨론입니다. 지금까지 살펴본 나라들은 오만함으로 가득하지만 바벨론에는 전혀 대응하지 못합니다. 그런데 선지자는 내내 바벨론이야말로 하나님의 도구에 불과하다고 말했습니다.

목에 힘을 잔뜩 주고 내 인생은 내가 책임진다고 떵떵거리지만, 이들은 겨우 이런 존재입니다. 유다가 망할 때 뭐 떨어지는 거 없나 거지처럼 두리번거리고 있습니다. 이렇게 살면 어떤 결과를 맞이할까요. 애굽의 예를 봅시다.

18 인자야 바벨론의 느부갓네살 왕이 그의 군대로 두로를 치게 할 때에 크게 수고하여 모든 머리털이 무지러졌고 모든 어깨가 벗어졌으나 그와 군대가 그 수고한 대가를 두로에서 얻지 못하였느니라 **19** 그러므로 주 여호와께서 이같이 말씀하셨느니라 내가 애굽 땅을 바벨론의 느부갓네살 왕에게 넘기리니 그가 그 무리를 잡아가며 물건을 노략하며 빼앗아 갈 것이라 이것이 그 군대의 보상이 되리라 **20** 그들의 수고는 나를 위하여 함인즉 그 대가로 내가 애굽 땅을 그에게 주었느

니라 주 여호와의 말씀이니라 (겔 29 : 18-20)

바벨론이 두로를 공격하는데, 원하는 대로 공략되지 않았던 모양입니다. 느부갓네살 군대가 수고를 많이 했는데, 두로에서 원하는 대로 얻지 못하니, 이를 바라보시던 하나님이 개입하십니다. '나를 위해 수고를 많이 했는데, 그냥 돌려보낼 수는 없다. 애굽이라도 주어야겠다.'

애굽은 자기를 사자라고 했는데, 여기서 하나님은 바벨론에게 마치 먹이라도 주듯 애굽을 주십니다. 개한테 간식이라도 주듯 애굽은 먹이로 던져집니다.

이 대단한 나라가 이런 꼴을 당하는 이유는 무엇입니까. 하나님인 척해서 그렇습니다. 하나님이 굳이 대적처럼 응징하실 필요도 없습니다. 피조물이 스스로 신인 척하면, 이런 꼴을 당할 뿐입니다. 피조물이 피조물이 아닌 것처럼 굴면, 이렇게 초라하게 망할 뿐입니다.

유다의 미래

이제까지 유다의 외부 환경을 살펴보았으니, 다시 유다로 돌아와 봅시다. 유다의 미래는 어떠할까요. 모두가 유다를 미워하며 유다가 망가지기를 바라고 있습니다. 기세등등한 이웃들이 유다를 노리고 있습니다. 그 한가운데에서 유다는 어떻게 될까요.

이상스럽게도 기세등등한 나라들이 바람에 날리듯 사라져 버립니다. 이들과 함께 사라져 버릴 것 같던 유다의 미래는 이렇습니다.

> **25** 주 여호와께서 이같이 말씀하셨느니라 내가 여러 민족 가운데에 흩어져 있는 이스라엘 족속을 모으고 그들로 말미암아 여러 나라의 눈 앞에서 내 거룩함을 나타낼 때에 그들이 고국 땅 곧 내 종 야곱에게 준 땅에 거주할지라 **26** 그들이 그 가운데에 평안히 살면서 집을 건축하며 포도원을 만들고 그들의 사방에서 멸시하던 모든 자를 내가 심판할 때에 그들이 평안히 살며 내가 그 하나님 여호와인 줄을 그들이 알리라 (겔 28:25-26)

모두 다 날려 없어지는데, 이스라엘은 고국 땅에 거주할 것입니다. 거기서 땅에 단단히 뿌리박힌 나무처럼 평안히 살 것입니다.

물론, 유다는 유다대로 씨름해야 할 다른 용건이 있습니다. 하나님과 해결해야 할 일이 있어서 전쟁도 겪고 나라가 망하는 일도 겪습니다. 그러나 유념해야 합니다. 유다가 망하는 것은 이웃들, 곧 외부 환경 때문이 아닙니다. 옆에서 적대적으로 나오니, 어쩔 수 없이 전쟁에 끌려 들어가 망하는 것이 아닙니다. 그들이 겪는 모든 일은 하나님 때문입니다. 하나님이 유다와 하실 특별한 일, 하나님이 유다에게 가지신 특별한 용건이 있기 때문입니다. 이스라엘이 겪는 고통과 이웃 나라들의 고통은 질적으로 차이가 있습니다. 외견상으로는 같은 고통처럼 보이지만, 다른 부류의 것입니다.

이스라엘 족속의 모습을 보면서, 마찬가지로 하나님의 백성인 우리도 삶에 대해 다시 생각하게 됩니다. 우리의 운명에 대해, 우리의 미래를 지배할 것 같은 외부 환경에 대해 다시 생각합니다.

외부 환경은 하나님의 백성인 우리를 마음대로 휘두를 수 없습니다. 우리에 대한 오해에 빠지면, 오히려 그 환경, 곧 우리 이웃이 곤란한 처지에 놓이게 될 것입니다.

우리 이웃이 너무 압도적이어서, 거의 하나님처럼 못할 것이 없는 존재처럼 여겨진다면, 또는 적대적으로 우리 위에 군림하고 있다면, 오히려 마음을 놓아도 된다고 본문은 이야기하고 있습니다. 그런 식으로 살면 그들은 멸망으로 달려갈 것이기 때문입니다.

신자는 두려움 가운데 조마조마하며 주위를 둘러보지 않아도 됩니다. 하나님의 백성이니, 주위를 둘러볼 때 다른 시각을 지녀야 합니다. 외부 환경을 바라볼 때 우리를 향한 위협의 가능성을 찾을 것이 아니라, 아브라함처럼 이웃의 복이 될 가능성을 바라보아야 하는 것입니다.

우리는 아브라함처럼 우리가 있는 곳 주위에 복이 되니, 우리를 통해 이웃에게 어떤 좋은 일이 있을지 물어야 합당합니다. 주위를 둘러보고 무슨 해코지를 당할까 두려워할 것이 아니라, 내가 복이니 이웃이 잘되도록 해 줄 게 없을까를 생각하는 것이 우리 존재에 어울립니다.

우리가 먼저 주위 이웃을 보고 관심을 가져야 합니다. 하나님 아래 있다는 것을 모르고 저렇게 살다가는 큰일 나지 않을까 하고 그들을 걱정해 주어야 합니다. 이런 일은 나에게 걱정거리가 없을 때에만 할 수 있는 일이 아닙니다.

다시 아브라함을 생각해 봅시다. 아비멜렉이 와서 간청할 때 아브라함의 형편은 어땠습니까. 아브라함은 가나안 땅에 들어와 수십 년째 천막을 치고 야영하는 처지였습니다. 그는 월셋집도 제대로 구하지 못하는 형편에 저택에 사는 사람에게 복을 빌어 주는 역할을 하게 됩니다. 그런 처지에 있던 아브라함이 아비멜렉 왕에게 언약을 맺어 주어, 그의 안위를 책임집니다. 이것이 하나님의 백성이 감당하는 역할입니다.

우리의 자리가 그렇습니다. 무얼 제대로 모르는 외부에 우리의 미래를 맡기려 하지 말고, 뭘 좀 아는 하나님의 백성인 우리가 세계의 안위에 마음을 쓰고 책임을 져야 합니다.

히브리서가 가르치듯, 우리는 '세상이 감당하지 못하는' 존재입니다(히 11:38). 신자는 세상 정도가 받아서는 도무지 보관할 수도 없는 큰 존재라는 사실을 기억하고 삽시다. 신자는 그런 존재입니다. 이 세상이 다 이해할 수도 없고 받아서 보관해 놓을 수도 없는, 크고 영광된 존재입니다. 우리 모두가 이 사실을 기억하여 외부 환경을 제대로 분별하며 사는 지혜로운 주의 백성이 되기를 소망합니다.

기도

하나님, 유다가 망하는 것은 주위 백성들의 힘에 밀려서가 아니라, 하나님이 유다와 해결할 문제가 있었기 때문입니다. 저희가 인생을 살아가며 여러 가지 어려움에 빠지는 것은 이 세계가 우리를 쥐고 흔들기 때문이 아니라, 하나님이 우리 인생에 각별한 뜻이 있으시기 때문이라는 것을 본문을 통해 생각해 보았습니다. 우리가 누구인지 바르게 이해하여 우리 주변을 둘러볼 수 있는 안목을 갖게 하여 주십시오. 그리하여 이 세상 가운데 하나님의 뜻을 이루는 주의 손길이 되어 살아가는 저희가 되게 하옵소서. 예수님의 이름으로 기도합니다. 아멘.

05

절망 너머 보이는 것

서정걸

17 열두째 해 어느 달 열다섯째 날에 여호와의 말씀이 내게 임하여 이르시되 18 인자야 애굽의 무리를 위하여 슬피 울고 그와 유명한 나라의 여자들을 구덩이에 내려가는 자와 함께 지하에 던지며 19 이르라 너의 아름다움이 어떤 사람들보다도 뛰어나도다 너는 내려가서 할례를 받지 아니한 자와 함께 누울지어다 20 그들이 죽임을 당한 자 가운데에 엎드러질 것임이여 그는 칼에 넘겨진 바 되었은즉 그와 그 모든 무리를 끌지어다 21 용사 가운데에 강한 자가 그를 돕는 자와 함께 스올 가운데에서 그에게 말함이여 할례를 받지 아니한 자 곧 칼에 죽임을 당한 자들이 내려와서 가만히 누웠다 하리로다 (중략) 31 바로가 그들을 보고 그 모든 무리로 말미암아 위로를 받을 것임이여 칼에 죽임을 당한 바로와 그 온 군대가 그러하리로다 주 여호와의 말씀이니라 32 내가 바로로 하여금 생존하는 사람들의 세상에서 사람을 두렵게 하였으나 이제는 그가 그 모든 무리와 더불어 할례를 받지 못한 자 곧 칼에 죽임을 당한 자와 함께 누이리로다 주 여호와의 말씀이니라 (겔 32:17-21, 31-32)

에스겔서 구조 되돌아보기

에스겔서는 한 권의 책으로 세심하게 잘 편집된 예언서입니다. 모든 예언서의 공통 주제는 이스라엘 백성을 향한 심판과 회복이라고 할 수 있는데 에스겔서는 짜임새 있는 구조를 통하여 이 주제를 더욱 분명하게 부각하고 있습니다. 여호와의 영광스러운 임재를 바벨론 포로지에서 경험하는 환상으로 시작하여 선지자의 소명을 받은 에스겔은 예루살렘과 유대 땅이 멸망할 것이며, 바벨론에서의 포로 생활이 이른 시간 안에 끝나지 않을 것이라는 말씀을 전하게 됩니다.

'하나님은 왜 언약을 파기하는 것처럼 보이는 심판을 하려 하시는가?'라는 질문의 답은 에스겔 8장에서 11장에 나오는 예루살렘에 대한 환상으로 주어집니다. 하나님의 처소인 성전 안에서조차 은밀하게 우상 숭배가 행해지고, 예루살렘에 거하는 사람들이 율법을 무시하고 이방인처럼 살아가기 때문이었습니다. 말하자면 제사장 나라로서의 정체성을 상실했기에 존재의 이유도 없어져 버린 것입니다. 하나님조차 우상처럼 이용하려 드는 이스라엘 사람들의 자기중심적인 삶의 방식을 깨뜨리시기 위하여 하나님은 당신의 이름을 두겠다 하셨던 예루살렘 성전까지도 아끼지 않으시고 무너뜨리십니다. 이것이 에스겔 24장까지의 일관된 주제였습니다. 그 안에서 우리는 하나님의 분노와 탄식, 돌이킬 수 없는 심판에 대한 확고한 의지를 읽어 낼 수 있었습니다.

여기까지 말씀의 초점은 언약 백성인 이스라엘 민족, 즉 유대인들입니다. 그중에서도 특별히 포로로 사로잡혀 와서 바벨론에 거하는 유대인들에게 들려주시는 말씀입니다. 그들은 포로 생활이 끝나기만을 기대했고, 이른 시간 안에 나라가 회복되리라는 거짓 예언을 붙들고 살았습니다. 그런 언약 백성들에게 헛된 희망을 버리고, 하나님의 심판으로 겪게 될 포로라는 현실을 잘 살아 내라고 말씀하십니다. 절망의 나락으로 떨어지는 것처럼 느껴지고 하나님으로부터 영영 버림받은 것 같은 현실입니다. 그런데 이 심판의 말씀 속에서 반복적으로 메아리치는 또 하나의 말씀은, 망하고 끝나 버리는 것 같은 이 현실을 겪어 나감으로써 언약 백성들은 하나님이 어떤 분이신지를 더 깊이 알게 될 것이라는 약속이었습니다. 심판의 메시지가 전해질 때마다 그 끝머리에 후

렴구처럼 '내가 여호와인 줄 알리라'라는 말씀이 들립니다. 언약 백성을 향한 심판의 메시지는 24장에 이르러 일단락됩니다.

그런데 에스겔서는 선지서의 보편적인 도식을 따라 심판의 메시지를 끝낸 후 곧바로 회복의 메시지로 전환하지 않고, 이스라엘이 아닌 주변의 이방 나라들을 향하여 심판의 메시지를 전합니다. 25장부터 32장까지에서 이스라엘 주위의 일곱 나라를 소환하여 심판의 말씀을 전하십니다. 이 메시지의 내용을 보면 요한계시록의 말씀이 떠오르는데, 계시록에서는 일곱이라는 숫자가 의미심장하게, 그리고 빈번하게 등장합니다. 특히 심판과 관련하여 일곱 인을 떼는 환상, 일곱 나팔과 일곱 대접의 환상이 나오는데 구조적으로 공통점이 있습니다. 첫 번째부터 여섯 번째 심판까지 차근차근 진행된 후에 일곱 번째 심판을 앞두고는 잠시 화제를 전환하여 하나님이 사랑하시는 백성인 교회에 소망을 주시는 말씀을 하신 후에 다시 일곱 번째 심판으로 이어지는 구조가 반복됩니다. 그런데 에스겔서에서도 25장부터 28장까지에 암몬, 모압, 에돔, 블레셋, 두로, 시돈, 이렇게 여섯 나라에 대한 심판이 선포된 이후에 갑작스레 이스라엘에 소망을 주시는 말씀이 등장합니다.

25 주 여호와께서 이같이 말씀하셨느니라 내가 여러 민족 가운데에 흩어져 있는 이스라엘 족속을 모으고 그들로 말미암아 여러 나라의 눈 앞에서 내 거룩함을 나타낼 때에 그들이 고국 땅 곧 내 종 야곱에게 준 땅에 거주할지라 26 그들이 그 가운데에 평안히 살면서 집을 건축하며 포도원을 만들고 그들의 사방에서 멸시하던 모든 자를 내가 심판할 때에 그들이 평안히 살며 내가 그 하나님 여호와인 줄

을 그들이 알리라 (겔 28 : 25-26)

이방에 대한 심판의 말씀을 여섯 번째 나라에까지 선포하신 후에 클라이맥스라 할 수 있는 일곱 번째 나라인 애굽을 향한 심판의 메시지로 넘어가기 직전에 하나님이 잠깐 시선을 돌려 이스라엘, 곧 하나님이 사랑하시는 언약 백성의 회복을 약속하십니다. 그리고 나서야 절정에 이르러 애굽에 임할 심판이 29장부터 32장까지 무려 네 장에 걸쳐 이어집니다. 흥미롭게도 일곱 번째 나라인 애굽에 관한 심판의 메시지는 다시 일곱 개의 단락으로 구성되는데 본문 말씀은 그중에서 가장 마지막 일곱 번째 단락입니다. 일곱 나라에 내리시는 심판의 말씀 중 일곱 번째 나라를 향한 일곱 개의 메시지 중 일곱 번째 메시지, 그러니까 최종 메시지라 하겠습니다. 이는 단지 애굽에만 국한된 메시지라기보다 이방 나라 전체를 향한 최종 결론이라고 볼 수 있습니다. 25장부터 이어져 나온 일곱 나라, 즉 열방을 향한 심판으로 대단원의 막이 내려지는 클라이맥스입니다. 시나리오로 표현하자면 본문 말씀은 'S# 7-7, 애굽의 멸망과 모든 제국의 결말'이라고 신 넘버(scene number)와 소제목을 붙여 볼 수 있겠습니다.

지하의 셀럽들

본문 17절은 에스겔이 하나님으로부터 말씀을 받은 날짜를 기록하고 있는 일종의 표제라고 할 수 있고 18절부터 본격적인 내용이 시작됩니다.

> 18 인자야 애굽의 무리를 위하여 슬피 울고 그와 유명한 나라의 여자들을 구덩이에 내려가는 자와 함께 지하에 던지며 19 이르라 너의 아름다움이 어떤 사람들보다도 뛰어나도다 너는 내려가서 할례를 받지 아니한 자와 함께 누울지어다
> (겔 32 : 18-19)

이 말씀은 앞뒤의 흐름이 자연스럽지 않습니다. '너의 아름다움이 뛰어나구나. 어떤 사람들보다도 아름답구나' 라고 말한 뒤에 자연스러운 흐름으로 이어지려면, 그 뛰어난 아름다움에도 불구하고 지하 구덩이에 내던져지는 처지를 안타까워하여 놀라거나 동정하는 말이 따라와야 합니다. '어쩌다 이 지경이 되었는가. 이럴 수는 없다!' 이렇게 이어졌다면 독자 입장에서 자연스럽게 읽혔을 것입니다. 그런데 애굽의 무리를 향한 아름답다는 진술 이후에 매우 냉정하게 '너는 내려가서 할례를 받지 아니한 자와 함께 누울지어다'라고 형벌을 선고하듯 말씀합니다.

 이스라엘 사람들만이 아니라 고대 애굽 사람들도 할례를 행했다고 합니다. 물론 이스라엘 백성처럼 하나님과 특별한 언약 관계를 맺었다는 의미의 표는 아니었고, 외과적 차원에서 행해진 할례였겠지만 그럼에도 애굽인의 할례는 다른 민족과 비교하여 위대한 애굽의 신민이라는 우월감을 주는 표시였을 것입니다. 그러나 애굽의 무리에 대한 하나님의 처분은 '내려가서 할례를 받지 아니한 자와 함께 누울지어다'입니다. 하나님은 에스겔

에게, 애굽 사람들과 유명한 나라의 여자들을, 할례를 받지 아니하고 칼에 죽임을 당한 자와 용사와 용사를 돕는 자들이 내려가서 거하는 지하 구덩이에 다 던지라고 말씀하십니다.

22절부터 30절에는 그 구덩이, 지하 세계에 이미 자리하고 있는 화려한 사람들의 면면이 소개되어 있습니다. 마치 유명한 영화제의 레드 카펫과 포토 존에 셀러브리티들이 소개되고 등장하는 것처럼 고대 세계에서 이름을 날렸던 여러 민족이 등장합니다. '거기에 앗수르와 그 온 무리가 있음이여'(22절), '거기에 엘람이 있고 그 모든 무리가 그 무덤 사방에 있음이여'(24절), '거기에 메섹과 두발과 그 모든 무리가 있고 그 여러 무덤은 사방에 있음이여'(26절), '거기에 에돔 곧 그 왕들과 그 모든 고관이 있음이여'(29절). 큰 환호성과 박수갈채가 쏟아져야 할 것 같은데 이들에 대한 공통적인 평가는 두 가지입니다. '그들은 살았을 때 사람들을 두렵게 하던 자들이었다', '그러나 지금은 수치를 당하여 자신들이 죽인 자들과 함께 누웠다'입니다. 30절을 보면 이렇게 이어집니다.

> 30 거기에 죽임을 당한 자와 함께 내려간 북쪽 모든 방백과 모든 시돈 사람이 있음이여 그들이 본래는 강성하였으므로 두렵게 하였으나 이제는 부끄러움을 품고 할례를 받지 못하고 칼에 죽임을 당한 자와 함께 누웠고 구덩이에 내려가는 자와 함께 수치를 당하였도다 (겔 32 : 30)

그들은 본래 사람들을 두렵게 하던 힘 있는 자들이었습니다. 그런데 지금은 수치를 당하는 처지로 지하에 모여 자기들이 죽인 자들과 같은 처지가 되었다는 것입니다. 이스라엘이 그토록 선망하고 두려워했으며 닮으려 했던 나라들이 어떤 처지인지 똑똑히 보라는 것입니다. 그리고 31절과 32절에 이렇게 이어집니다.

> 31 바로가 그들을 보고 그 모든 무리로 말미암아 위로를 받을 것임이여 칼에 죽임을 당한 바로와 그 온 군대가 그러하리로다 주 여호와의 말씀이니라 32 내가 바로로 하여금 생존하는 사람들의 세상에서 사람을 두렵게 하였으나 이제는 그가 그 모든 무리와 더불어 할례를 받지 못한 자 곧 칼에 죽임을 당한 자와 함께 누이리로다 주 여호와의 말씀이니라 (겔 32 : 31-32)

힘깨나 쓰던 온 나라의 권력자들이 수치를 당하여 누워 있는 지하 세계에 애굽의 왕 바로가 들어가며 위로를 받는 장면이 나옵니다. 무엇으로 위로를 받습니까. 자기만 허망하게 실패하여 잘못된 곳으로 온 것이 아니라 재화와 권력을 아무리 많이 가져도, 모두를 두려움에 떨게 할 만큼 큰 제국을 이루었다 할지라도 결국 여기에 다 있구나 하는 위로입니다.

바로는 힘과 권력의 정점에 선 존재입니다. 이집트의 피라미드가 바로와 이집트인들이 신봉했던 세계관을 잘 표현하고 있습니다. 가장 높은 정점, 꼭짓점에 올라 있는 돌 하나가 바로의 위치를 나타냅니다. 그 꼭짓점의 수직 아래에 바로의 묘실이 자리하고 있습니다. 하늘 아래, 태양 아래 가장 높은 존재라는 과시이며, 신념입니다. 이 세상에서 가장 높은 자리에 오르려면 수많은 사람을 자기 발아래 깔아 놓고 올라서야 합니다. 그러나 그만한 힘을 가진 바로도 결국은 할례 받지 못한 자들과 칼에 죽임을 당한 저주받은 자들 사이에 자신의 자리가 있음을 보게 됩니다. 자기만이 아니라 같은 세계관을 공유했던 다른 수많은 제국의 군웅들이 거기에 있음을 보며 위로를 받는다고 말씀합니다.

바로의 힘과 권세, 이 세상 모든 나라의 통치자와 그들이 가진 권력은 하나님이 허락하신 것입니다. 그리고 그들의 운명도 하나님의 손에 있습니다. 그러나 하나님을 모르고 스스로 하나님인 양, 자기의 힘으로 산다고 여기며 당연하게 누렸던 삶의 결국은 수치요, 허망이라는 비참한 운명을 맞이합니다. 저주받은 자로, 하나님과 관계없는 자로 서로를 바라보며 씁쓸한 위로를 받는 처지가 되리라는 결론입니다. 열방에 대한 심판의 메시지로서 이 얼마나 적절한 마무리입니까.

바로의 길, 바울의 길

'결국 여기인가? 이게 끝이란 말인가? 그 많았던 힘과 권력이 나를 인도하는 곳이 결국 여기란 말인가?' 바로의 허탈한 목소리가 들리는 듯합니다. 이 허무한 자리, 종말의 구덩이에 바로와 같은 세계관을 공유하던 모든 자를 함께 묶어 몰아넣으시는 하나님이 이 자리에 있는 사람들을 일컫기를 '할례를 받지 못하고 칼에 죽은 자들'이라고 묘사합니다. 수치를 당하고 죽임을 당한 자들을 의미합니다. 많은 권력을 가지고, 위세를 떨치고, 두려움과 선망의 대상으로 여겨진 자들이었지만 그들이 가진 권력과 부는 이 비극적 종말을 피하는 데 아무런 도움도 주지 못했습니다.

　애굽을 향한 신탁이지만, 말씀의 일차 독자가 이스라엘 백성이라는 관점에서 할례를 받지 못했다는 것은 하나님과 아무런 관계가 없다는 뜻입니다. 그리고 하나님과 무관한 삶의 결국은 허무한 죽음임을 보여 줍니다. 빛이 없는 지하 세계는 허무, 무의미, 무가치를 상징합니다. 여기에는 남은 것이 아무것도 없습니다. 평생을 살며 이룩한 그 어떤 성취와 업적도 허무와 무가치로부터 자신을 지켜 줄 수 없습니다. 하나님이 모든 사람을 이 자리로 몰아가십니다. 하나님의 임재 밖으로 쫓겨난 인간에게, 하나님과의 관계가 끊어진 인간에게 하나님이 하신 말씀이 떠오릅니다. '너는 흙이니 흙으로 돌아가라.' 너는 아무것도 아니다, 먼지에 불과하다, 이 얼마나 엄정한 선언입니까. 만일 우리가 하나님의 임재 밖에 있다면 우리는 티끌이요, 먼지일 뿐입니다. 하나님이 막다른 이 자리로 열방을 몰아가시고, 그 끝을 이스라엘 백성에게 보여 주십니다. 왜 보여 주십니까. 그들이 열방을 선망하고 동경했기 때문입니다. 바로 우리처럼 말입니다.

　우리가 늘 바라는 것은 '조금만 더'입니다. 우리에게는 늘 '나에게 재정이 조금만 더 있다면', '조금만 더 안정적인 직장에 다닌다면', '내 마음을 조금만 더 헤아려 주는 사람이 있다면', '조금만 더 능력이 있어서 이 상황을 통제할 수 있다면'이라고 하는 갈망이 있습니다. 그런데 그 모든 것들을 다 가진 자들, 혹은 가졌던 자들이 갈 곳을 하나님이 보여 주십니다. 그들은 할례 받지 못하고 칼에 죽임을 당한 자들이 있는 지하 세계, 수치의 자리에서 서로를 바라보면서 위로를 받을 것이라고 합니다. 참으로 허망한 결말입니다.

하나님은 이 끝에 인간을 세우십니다. '보아라. 너희는 흙이다. 아무 것도 아닌 존재들이다.' 지혜 있는 자라고 자처하며 스스로를 신이라고 높이며 자기의 운명을 개척하겠노라 자신하여도, 자기 힘으로 이 절망을 극복할 수 있는 사람은 없습니다. 우리가 가진 것, 소원하는 것이 우리에게 진정한 답을 주지 못한다는 사실을 인정하려면, 그 소원한 것들이 아무 소용이 없는 자리에 이르러야 하기에 하나님은 여기까지 인간을 몰아세우십니다. 그런데 이 사실을 정직하게 마주하면, 비로소 이 절망 너머를 볼 수 있습니다. 마태복음 19장을 보겠습니다.

> 23 예수께서 제자들에게 이르시되 내가 진실로 너희에게 이르노니 부자는 천국에 들어가기가 어려우니라 24 다시 너희에게 말하노니 낙타가 바늘귀로 들어가는 것이 부자가 하나님의 나라에 들어가는 것보다 쉬우니라 하시니 25 제자들이 듣고 몹시 놀라 이르되 그렇다면 누가 구원을 얻을 수 있으리이까 26 예수께서 그들을 보시며 이르시되 사람으로는 할 수 없으나 하나님으로서는 다 하실 수 있느니라 (마 19 : 23-26)

이 말씀 바로 앞에는 재물이 많은 부자 청년이 예수님과 만나는 이야기가 나옵니다. 그가 예수께 '선생님이여, 내가 무엇을 하여야 영생을 얻으리이까' 하고 묻습니다. 예수께서는 율법을 지키라 하셨고, 청년은 어려서부터 율법을 잘 지켜 왔다고 답하며 그런데도 아직 무엇이 부족하냐고 묻습니다. 그러자 예수께서 네 소유를 팔아 가난한 자들에게 주고 나를 따르라 말씀하십니다. 부자 청년은 재물이 많으므로 결국 근심하며 돌아갔다는 이야기입니다. 이 청년은 많은 재물을 선뜻 포기할 수 없었습니다.

부자 청년은 남부러울 것이 없습니다. 재물도 많고 율법에도 열심이 있던 사람입니다. 경건한 부자는, 믿는 사람이면 누구나 꿈꾸는 롤 모델이라고 할 수 있습니다. 그러나 예수님은 그에게 네가 가진 모든 것을 버리고 나를 좇으라고 말씀하십니다. 재물이 많은 그가 근심하며 돌아가자 예수께서 제자들에게 그 유명한 말씀을 주십니다. '낙타가 바늘귀로 들어가는 것이 부자가 하나님의 나라에 들어가는 것보다 쉬우니라.' 이 말씀에 제자들은 몹시 놀라 이렇게 되묻습니다. '그렇다면 누가 구원을 얻을 수 있으리이까.' 저렇게 성실하고 경건한 부자도 안 된다면 대체 누가 구원을 받는단 말이냐고 묻는 것입니다. 여기서 예수님이 주신 답이 '사람이 하는 것으로는 안 된다. 하나님이 하셔야 한다'라는 것입니다.

하나님이 인간을 이 답으로 끌어오려 하십니다. 인간은 절망을, 죽음을 마주하지 않으면 하나님이 내미시는 손을 결코 스스로 잡지 않습니다. 그래서 하나님은 인간을 끝까지 몰아가십니다. 늘 죽음을 경험하게 하시고 보게 하십니다. 우리는 살아가면서 무의미함, 무가치함, 허무함이 우리가 아는 어떤 가치보다도 위력적이라는 것을 매일 마주하는 현실에서 확인합니다. 이를 바라보며 인간의 참된 가치가 어디에 있는지를 묻지 않을 수 없습니다.

그런데 바로 이 지점에서 우리는 애굽의 왕 바로의 길과는 전혀 다른, 하나님의 사람 바울을 통해 하나님이 보여 주시는 새로운 길을 보게 됩니다. 빌립보서 4장입니다.

> 11 내가 궁핍하므로 말하는 것이 아니니라 어떠한 형편에든지 나는 자족하기를 배웠노니 12 나는 비천에 처할 줄도 알고 풍부에 처할 줄도 알아 모든 일 곧 배부름과 배고픔과 풍부와 궁핍에도 처할 줄 아는 일체의 비결을 배웠노라 13 내게 능력 주시는 자 안에서 내가 모든 것을 할 수 있느니라 (빌 4 : 11-13)

하나님이 우리를 데려가고자 하시는 자리입니다. 다른 모든 것으로는 답이 되지 않으며, 하나님 외에는 인간이 진정으로 만족할 만한 다른 것이 없음을 발견한 바울이 담대하게 말합니다. '내게는 풍부한 것과 비천한 것, 부유한 것과 가난한 것, 배부르고 배고픈 것이 아무 상관없다. 사람들은 그런 것들에 목을 매고 살아가지만 나는 그것이 전부가 아님을 잘 안다. 나는 하나님과 함께하므로 어떤 상황 속에서도 감사하고 자족하며 영광을 누릴 수 있는 새로운 존재가 되었다.' 이런 증언을 내놓습니다.

모든 사람을 짓밟고 압제하여 정점에 올라선 바로의 길과 얼마나 다른 길입니까. 바로는 그 정점에 있다가 지하 구덩이로 내려가 거기에 이미 자리한 쌍의 군웅들을 보며 위로를 받았지만, 사도 바울은, 사람들이 보기에 가장 곤경에 처한 상황에서도 실망하거나 좌절하지 않습니다. 사람들이 보기에 영광스러운 자리에 가서도 교만하지 않습니다. 언제나 어떤 정황에서나 하나님의 자녀라는 정체성을 지키고 누립니다.

이 모습이 바로 하나님과 관계 맺은 자, 할례 받은 자에게 의도된 운명과 결말입니다. 하나님은 우리가 다 거기에 도달하기를 원하십니다. 사도 바울의 고백을 우리의 고백으로 삼기를 원하십니다. 하나님에게 무엇을 더 달라고 매달리기보다는, 우리의 필요를 겸허하게 구하되, 지금 이 자리에서 하나님의 자녀 된 영광이 무엇인지를 분별하면 좋겠습니다. 그리하여 삶을 통해 그것을 증언할 수 있는 성숙한 자리로 나아가는 우리가 되기를 바랍니다.

기도

하나님 아버지, 감사합니다. 오늘도 우리에게 말씀으로, 하나님이 우리를 향해 가지고 계시는 복된 뜻이 무엇인지를 알게 해 주셨습니다. 그것은 때로 가장 절망적인 한계를 마주해야 비로소 분명하게 보이기도 할 것입니다. 하나님, 우리가 그 절망의 자리에 내몰렸을 때, 거기가 끝이 아닌 것을 경험하게 하여 주시옵소서. 거기를 뚫고 넘어서서 일하시는 하나님의 은혜가 있음을, 그리하여 세상 사람들은 알지 못하고 누리지 못하는 놀랍고 복된 영광의 자리로 하나님이 우리를 부르고 있음을 우리로 알게 하시고 누리게 하시고 고백하고 증언하게 하여 주시옵소서. 예수님의 이름으로 기도합니다. 아멘.

06

멸망으로 얻은 것

윤철규

10 그런즉 인자야 너는 이스라엘 족속에게 이르기를 너희가 말하여 이르되 우리의 허물과 죄가 이미 우리에게 있어 우리로 그 가운데에서 쇠퇴하게 하니 어찌 능히 살리요 하거니와 **11** 너는 그들에게 말하라 주 여호와의 말씀이니라 나의 삶을 두고 맹세하노니 나는 악인이 죽는 것을 기뻐하지 아니하고 악인이 그의 길에서 돌이켜 떠나 사는 것을 기뻐하노라 이스라엘 족속아 돌이키고 돌이키라 너희 악한 길에서 떠나라 어찌 죽고자 하느냐 하셨다 하라 **12** 인자야 너는 네 민족에게 이르기를 의인이 범죄하는 날에는 그 공의가 구원하지 못할 것이요 악인이 돌이켜 그 악에서 떠나는 날에는 그 악이 그를 엎드러뜨리지 못할 것인즉 의인이 범죄하는 날에는 그 의로 말미암아 살지 못하리라 **13** 가령 내가 의인에게 말하기를 너는 살리라 하였다 하자 그가 그 공의를 스스로 믿고 죄악을 행하면 그 모든 의로운 행위가 하나도 기억되지 아니하리니 그가 그 지은 죄악으로 말미암아 곧 그 안에서 죽으리라 **14** 가령 내가 악인에게 말하기를 너는 죽으리라 하였다 하자 그가 돌이켜 자기의 죄에서 떠나서 정의와 공의로 행하여 **15** 저당물을 도로 주며 강탈한 물건을 돌려 보내고 생명의 율례를 지켜 행하여 죄악을 범하지 아니하면 그가 반드시 살고 죽지 아니할지라 **16** 그가 본래 범한 모든 죄가 기억되지 아니하리니 그가 반드시 살리라 이는 정의와 공의를 행하였음이라 하라
(겔 33:10-16)

예루살렘 함락 소식

구약 성경에는 중요한 두 가지 사건이 있습니다. 하나는 출애굽 사건이고 다른 하나는 가나안 지역에 나라를 이룬 이스라엘이 망하고 백성들이 바벨론에 포로로 잡혀간, 소위 말해 바벨론 유수라고 하는 사건입니다. 특별히 후자의 경우에는 이것에 관한 많은 예언이 있었습니다. 이미 이사야 때부터 "너희가 정신 차리지 않으면 포로로 잡혀간다. 정신 차려라"라는 예언이 주어졌습니다. 북 이스라엘이 먼저 멸망하고 남 유다만 남게 되자 "너희가 계속 정신 차리지 않으면 북 이스라엘처럼 된다"라는 경고가 계속해서 주어졌습니다. 그리고 므낫세 왕 이후로 남 유다가 멸망하는 것이 기정사실이 되었을 때, 바벨론의 포로로 잡혀가는 것, 혹은 바벨론의 왕이 와서 남 유다를 다스리게 되는 것에 대해 "주님의 뜻이니 그것을 받아들여라"라는 명령이, 예레미야 같은 선지자에 의해 40년 동안이나 전해졌던 내용입니다. 4년도 아니고 40년입니다. 40년을 설교했는데 듣지 않았습니다. 그리고 그 일이 실제로 일어났습니다. 에스겔은 남 유다가 기원전 586년, 혹은 587년에 최종적으로 멸망하기 10여 년 전에 먼저 잡혀간 무리 중 한 사람이었습니다. 그는 포로로 잡혀간 지 5년 후에 바벨론 그발 강가에서 하나님의 부름을 받아 선지자로서의 사명을 감당하게 됩니다.

에스겔이 선지자 사역을 시작하고 예루살렘이 함락되기 전까지 대략 6, 7년의 기간 동안 그는 이렇게 선포합니다. "나라가 망하게 될 것이다. 이것은 하나님의 뜻이고 우리가 이렇게 망하는 것은 우리의 선조들이 죄악을 저질렀기 때문이며 우리 세대도 그들과 다르지 않았기 때문이다. 그러니 우리는 이 심판을 하나님의 징벌로 받아들여야만 한다." 그러나 정작 유대인들은 예루살렘이라고 하는 그들의 고향이자, 신학적 중심, 정치적 경제적 문화적 중심이 되는 그 도시가 파괴되기 전까지는 이러한 선지자의 말을 받아들일 준비가 안 되었던 것 같습니다. 그래서 이렇게 반문합니다. "무슨 소리냐. 너만 선지자인 줄 아느냐?"

당시에는 예레미야나 에스겔 같은 선지자와 달리 거짓된 예언을 하는 선지자가 많았습니다. 그중 어떤 이들은 바알이나 아세라의 이름으로 예언했지만, 어떤 이들은 여호와 하나님의 이름으로 예언하기도 했습니다. 당시에는 이렇게 예언하는 사람들이 더 많았습니다. '아니, 하나님의 영광이 성전에서 떠나갈 거라고 에스겔이 예언한다고? 우리가 완전히 망할 거라고 예레미야가 예언한다고? 그들은 거짓 선지자다! 내가 하나님의 음성을 들었다. 우리는 망하지 않을 것이고 지금은 조금 고생하지만 먼저 포로로 잡혀갔던 사람들도 수년 내에 돌아올 것이다. 주님이 그렇게 말씀하셨다.' 그러던 중 예루살렘이 드디어 함락되었다는 소식이 이들에게 들려옵니다.

> 21 우리가 사로잡힌 지 열두째 해 열째 달 다섯째 날에 예루살렘에서부터 도망하여 온 자가 내게 나아와 말하기를 그 성이 함락되었다 하였는데 (겔 33:21)

예루살렘 성이 함락되었다는 소식은 그동안 에스겔의 예언을 들으며 '설마 주님이 우리를 정말 망하게 하시겠어? 다윗 왕을 통하여 예비하시고 그의 아들 솔로몬 왕을 통하여 지으신 그 성전을 주님이 보호하시고 지키시지 않겠어? 그것을 적군들이 짓밟게 하시겠어?' 하는 마음을 가지고 있었던 사람들의 기대와 소망을 처참하게 무너뜨렸을 것입니다. 그런데 그 소식을 듣기 전날, 주님의 권능이 에스겔에게 임합니다.

> 22 그 도망한 자가 내게 나아오기 전날 저녁에 여호와의 손이 내게 임하여 내 입을 여시더니 다음 아침 그 사람이 내게 나아올 그 때에 내 입이 열리기로 내가 다시는 잠잠하지 아니하였노라 (겔 33:22)

여호와의 손이 임하고 예루살렘이 함락되었다는 소식을 전하는 이가 오자 에스겔은 말을 멈출 수가 없었습니다. 말씀을 전하는 에스겔도 이루어지기를 바라지 않았을 일이 벌어졌습니다. 아마 에스겔은 이전에 하나님에게 받은 말씀을 전한 뒤로부터 상당한 시간 동안 예언 활동을 멈췄던 것 같습니다. 이 선지자가 다시 말을 시작하기 전에, 10절에서 16절의 말씀이 주어지고 있습니다. 이 구절들은 33장 1절에서부터 맥락이 이어지는 말씀인데, 앞에서 살펴봤던 18장의 말씀과 그 내용이나 구조가 매우 유사합니다.

주께서 파수꾼의 예를 드십니다. "예를 들어, 내가 어떤 나라를, 어떤 땅을 심판하기로 했다고 하자. 그리고 파수꾼 한 명을 그 나라 사람들에게 보내어 내 메시지를 전하라고 했다. 그런데 이 파수꾼이 내 말을 듣지 않고 사람들에게 내 말을 전하지 않으면 잘한 것인가, 잘못한 것인가? 잘못한 것이다. 그렇게 되면 그 사람은 내 말을 전하지 않았기 때문에 나에게 벌을 받을 것이다. 그런데 이 파수꾼이 하나님의 말씀을 듣고 사람들에게 가서 '너희는 정신 차려라. 그러지 않으면 망한다' 하고 이야기하는데 사람들이 그 이야기를 듣지 않는다. 그러면 파수꾼이 잘못한 것인가, 아니면 그 사람들이 잘못한 것인가? 당연히 그 사람들이 잘못한 것 아니겠는가."

이런 내용 뒤에 본문 말씀이 이어집니다. 요약하면 이런 이야기입니다. "나는 악인이 죽는 것을 기뻐하지 않는다. 만일 어떤 의인이 있다고 생각해 보자. 이 사람이 아무리 의인이라고 할지라도 잘못을 범하면 그 잘못으로 벌을 받아야 하지 않겠느냐. 원래 악인이었던 사람이 있었다. 그런데 이 악인이 악한 행동을 고쳐서 의로운 행동을 한다면 그 의로운 행동 때문에 구원을 받거나 보상을 받거나 칭찬을 받는 게 당연하지 않겠느냐"라고 주님이 말씀하십니다.

하나님은 도대체 누구신가

이 대목을 읽을 때 혼동하지 말아야 하는 것이 있습니다. 우리는 이신칭의, 즉 전적인 믿음과 전적인 은혜로 말미암는 구원이라는 복음의 내용을 교리와 우리 신앙의 선이해로 가지고 있습니다. 기독교 복음에서, 우리의 공로가 아니라 주님의 은혜로 말미암는 구원이라고 하는 내용은 참으로 중요한 주제입니다. 그런데 본문 말씀은, 하나님이 언약 백성이 아닌 이방인에게 '너희가 말을 잘 들으면 구원해 줄게' 혹은 '너희들이 내 말을 안 들으면 지옥에 갈 거야!'라는 식으로 그들의 행위를 조건 삼아 그들을 협박하는 말씀이 아닙니다.

  구원은 하나님을 믿고 의롭게 되는 복음에서 시작합니다. 그리고 우리의 성화와 완성도 그리스도와의 연합으로 말미암아 이루어진다는 사실은 너무나 분명합니다. 그런데 만일 그 일이 주께서 부르시는 우리 한 사람 한 사람의 개별적인 노력이나 헌신이나 또 그 한 사람이 살아가는 인생의 긴 여정 없이 그냥 믿기만 하면 자동으로, 기계적으로 이루어지는 것에 불과하다면, 우리가 예수를 믿고 이 땅에서 살아가는 과정이라는 것에 무슨 의미가 있겠습니까. 그렇지 않습니까?

주님이 이스라엘의 역사를 출애굽 사건으로 끝내지 않았다는 사실을 주목해야 할 필요가 있습니다. 만일 우리가 기계적으로 믿어 구원받는 것이 끝이라면 구약의 역사는 출애굽 사건에서 끝났어야 합니다. '하나님이 구원하셨다. 끝.' 그러나 그렇게 끝나지 않습니다. 하나님은 당신이 구원하신 사람들과 계속해서 실랑이를 벌입니다. 이미 구원한 첫 세대와도 40년 동안 실랑이를 벌이십니다. 그들을 광야로 끌어내어 기회를 주시는데, 그 기회를 선용하기보다는 악랄하게 써먹는 못난 모습이 바로 이스라엘 사람들의 수준이었습니다. 하나님은 다시 한번 기회를 주셔서 그들을 가나안 땅에 들어가게 하십니다. 그러나 이스라엘 백성들이 가나안 땅에서 벌이는 일들은 사사기를 통해 보듯이 엉망진창입니다. 또 하나님은 그들의 요구에 따라 왕을 세워 주십니다. 그러나 그 왕국의 역사를 보면 배교와 하나님에 대한 배신으로 점철되어 있습니다.

그러면 이제 우리는 구약의 역사를 어떤 관점에서 바라보아야 할까요? '왜 저들은 계속 저렇게 하나님 앞에 못난 짓을 하는가'가 아니라, '왜 저들은 끊임없이 하나님에게 불순종할 수밖에 없는가' 하는 면을 봐야 합니다. 끊임없이 하나님에게 불순종할 수밖에 없는 것이 우리 인간의 현실입니다. 하나님을 마음에 두기 싫어하는 죄인의 근본적인 속성이 불순종으로 드러나기 때문입니다. 그리고 정말 중요한 질문을 던지게 됩니다. '그토록 말을 듣지 않고 끊임없이 하나님을 거부하는 이스라엘을 상대하시는 하나님은 도대체 누구신가?' 이것이 구약 성경이 이야기하는 가장 중요한 주제입니다.

인간은 태어나서부터 선하다고 하는 맹자의 성선설을 제가 인정한 적이 있었는데, 주일학교 교사를 했을 때 그 마음이 싹 바뀌었습니다. 애들이 어릴 때는 다 예쁩니다. 그 예쁜 애들이 초등학교에 들어가고 사춘기를 맞이하고 그러면 정말 꼴 보기 싫을 정도로 말을 안 들을 때가 있습니다. 말을 아주 안 듣는 아이가 있다고 가정해 봅시다. 아니, 우리의 과거를 떠올려 봅시다. 네 살 때도 말을 안 듣고, 일곱 살 때도 말을 안 듣고, 초등학생 때도 말을 안 들었는데, 망하지 않고, 탈선하지 않고, 비행 청소년이 되지 않고 꾸역꾸역 학교에 가고, 그다음 상급 학교로 진학하고, 꾸역꾸역 성인이 되는 것을 보면 무엇이 궁금해지겠습니까? 그 사람의 인생을 쭉 살펴볼 수 있다면 말입니다. '저 사람을 키운 부모는 누구일까?'라는 생각을 하지 않겠습니까. 사람은 저마다 태어날 때부터 기질이 다 다릅니다. 그 기질이 긍정적인 면으로 발휘될 때도 있지만 부정적인 면으로 발휘될 때도 있습니다. 그러나 웬만하면 망하지 않는 이유는 좋은 부모가 있었기 때문입니다. 구약 성경은 우리에게, 자녀를 키워 내는 부모로서의 하나님을 이야기하고 있습니다.

자녀의 역할을 요구하시는 하나님

하나님은 당신의 자녀인 이스라엘에게 아주 극단적인 방법을 사용하고 계십니다. 예루살렘을 쓸어버리셨습니다. 하나님의 거룩한 이름을 두신 성전을 무너뜨리셨습니다. 저 불결한 이방인들의 힘을 사용해서서 말입니다. 주님이 이렇게까지 하신 이유는 무엇입니까? 주님은 계속해서 이렇게 묻고 계시는 것입니다. "너희는 내 자식이다. 너희가 이스라엘 자손으로 부름을 받았다면, 너희가 스스로 아브라함의 후손이라고 이야기한다면, 내 백성이라는 이름에 걸맞게 살아 볼 수 없겠느냐? 내가 선택한 아브라함의 자손답게 내가 너희에게 주는 기회를 선용해 볼 수 없겠느냐?"

저는 제 아들들을 사랑합니다. 딸이었으면 더 사랑했을 텐데, 여하튼 주님이 아들만 둘을 주셔서 아들을 굉장히 사랑합니다. 그런데 사랑하는 아들이 나쁜 짓을 하는데도 내버려 둔다면 제가 아들을 사랑하는 것일까요? 예를 들어, 아이가 TV를 하루에 20시간쯤 본다고 합시다. 너는 내가 사랑하는 아들이니까 네가 하고 싶은 대로 내버려 둘게, 이렇게 말한다면 좋은 아버지이겠습니까? 이건 어찌 보면 아이를 학대하는 것입니다. 그렇게 할 수 없습니다. 아이가 울고불고 난리를 쳐도 TV를 끌 수밖에 없습니다. 아이가 양치하기 싫다고 몇십 분을 고집부려도 양치질을 시켜야 합니다. 지금은 '양치질하기 싫어요. 밥 먹기 싫어요. 더 놀고 싶어요. 어린이집 가기 싫어요' 정도지만, 갈수록 반항의 종류도 많아지고 강도도 더 세질 것입니다. 그러면 저도 아이에게 더 강하게 반응할 수밖에 없을 것입니다.

'너는 내 사랑하는 아들이니, 내 자녀답게 살아라'라는 말은, 부모가 시키는 대로 기계적으로 살라는 것이 아닙니다. 어느 부모가 자녀를 기계처럼 키우고 싶겠습니까. '하나님이 네게 주신 고유한 인간성과 재능들을 힘껏 발휘하며 성숙한 인격을 가진 성인으로 인생을 풍요롭게 살도록, 때로는 네가 싫어하는 일을 권면할 수밖에 없고, 때로는 너를 꾸짖을 수밖에 없단다'라는 것이 대부분의 부모가 갖는 마음일 것입니다. 너무 당연한 이야기입니다. 지금 주님이 그런 말씀을 하시는 겁니다. "나는 너를 내 아들이라고 생각한다. 내 딸이라고 생각한다. 그러니 그런 사실에 걸맞게 행동해라. 그에 걸맞게 행동하지 않는다면 내가 어찌 가만히 있을 수 있겠느냐." 주님이 지금 이스라엘에게 말씀하시는 것입니다.

이 주제가 굉장히 중요합니다. 마태복음 21장 28절에서 31절에 보면 예수님이 들려주시는 이야기가 나옵니다. 어떤 아버지가 아들 둘에게 포도원에 가서 일하라고 명령했습니다. 그런데 큰아들은 '아버지의 말씀을 듣겠습니다' 하고는 아버지 말씀대로 행하지 않습니다. 그런데 둘째 아들은 '아버지의 말씀을 듣지 않을 거예요' 하고는 말씀대로 행동합니다. 누가 아버지의 뜻대로 행한 자일까요? 당연히 후자입니다. "나는 너희가 겉으로만 보이는 말과 행위를 중요하게 여기지 않는다. 너희가 수백 년 동안 예루살렘 성전에서 나를 위해 제사한다고 하면서 벌인 온갖 종교적인 행위들이 나는 지겹다." 이사야서나 예레미야서 같은 예언서에 자주 나오는 하나님의 말씀입니다. '제발 제사 좀 그만

지내라. 내가 너희에게 요구하는 것이 가축들의 피라고 생각하느냐? 착각하지 마라. 너희가 재물을 많이 바친다고, 제사를 많이 지낸다고 내가 기뻐할 줄 아느냐? 그런 것들이 나를 진정으로 만족시킬 수 있을 것이라고 생각한다면, 나는 노여워할 수밖에 없다.' 이것이 주님의 마음입니다. "내가 너희에게 원하는 것은 너희의 순종하는 마음과 삶이다." 주님이 선지자들을 통해 이렇게 권면하고 계시는 것입니다.

파국을 이용하려는 자들에 대한 경고

이제 에스겔은 마음껏 입을 열 수 있게 되었습니다. 성전이 무너졌다는 소식 앞에서 "예루살렘 성전이 무너집니다. 예루살렘이 함락됩니다"라고 했을 때 "무슨 소리냐! 그 성은 절대 무너지지 않을 것이다!"라고 반발했던 사람들의 말은 더 이상 설 자리가 없어졌습니다. 이런 상황에서 저라면 "거 봐라. 내 말대로 되었지?" 하면서 기고만장했을 것 같습니다. 그런데 에스겔은 그런 태도를 보이지 않습니다. 오히려 주님이 주신 말씀을 사람들에게 전하면서, 예루살렘이 무너진 사건이 의미하는 바를 깊이 숙고할 것을 요구합니다. 23절부터 보겠습니다.

> 23 여호와의 말씀이 내게 임하여 이르시되 24 인자야 이 이스라엘의 이 황폐한 땅에 거주하는 자들이 말하여 이르기를 아브라함은 오직 한 사람이라도 이 땅을 기업으로 얻었나니 우리가 많은즉 더욱 이 땅을 우리에게 기업으로 주신 것이 되

느니라 하는도다 25 그러므로 너는 그들에게 이르기를 주 여호와께서 이같이 말씀하시되 너희가 고기를 피째 먹으며 너희 우상들에게 눈을 들며 피를 흘리니 그 땅이 너희의 기업이 될까보냐 26 너희가 칼을 믿어 가증한 일을 행하며 각기 이웃의 아내를 더럽히니 그 땅이 너희의 기업이 될까보냐 하고 27 너는 그들에게 이르기를 주 여호와께서 이같이 말씀하시되 내가 나의 삶을 두고 맹세하노니 황무지에 있는 자는 칼에 엎드러뜨리고 들에 있는 자는 들짐승에게 넘겨 먹히게 하고 산성과 굴에 있는 자는 전염병에 죽게 하리라 28 내가 그 땅이 황무지와 공포의 대상이 되게 하고 그 권능의 교만을 그치게 하리니 이스라엘의 산들이 황폐하여 지나갈 사람이 없으리라 29 내가 그들이 행한 모든 가증한 일로 말미암아 그 땅을 황무지와 공포의 대상이 되게 하면 그 때에 내가 여호와인 줄을 그들이 알리라 하라 (겔 33 : 23 - 29)

23절에서 29절은 예루살렘에 남아 있는 사람들에게 하시는 말씀이라고 생각해도 무방합니다. 잠시 후 살펴볼 30절부터 33절은 지금 바벨론에 포로로 잡혀 와 있는 에스겔 주변의 사람들에게 주시는 말씀이라고 생각하면 좋습니다.

나라가 망하고 대부분의 유력한 사람들이 바벨론에 포로로 잡혀갑니다. 남아 있는 사람들의 처지에서는 기존의 유력한 사람들이 포로로 잡혀가고 국가 권력에 공백이 생긴 이때가 일종의 기회였습니다. 한번 생각해 봅시다. 러시아가 쳐들어와서 우리나라를 함락하고 서울에 있는 모든 건물주와 집주인을 쓸어 갔다고 생각해 봅시다. 그리고 우리만 남았습니다. 그러면 어떤 생각이 들겠습니까? '남은 땅은 다 우리 것이 되겠구나' 싶을 것입니다. '아브라함 한 사람에게도 그렇게 많은 땅을 주셨는데 우리에게는 얼마나 더 많은 땅을 주실까? 톨스토이의 단편소설에 나오는 내용처럼 빨리 가서 한 사람이 하루 동안 도는 만큼을 다 그 사람 땅으로 하기로 하자! 저 도곡동으로 가서 금을 긋고 평창동으로 가서 깃발을 세우자' 하면서 땅이 없고 건물이 없었기 때문에 겪었던 설움을 해소하고 싶은 욕망이 생기지 않겠습니까. 그런 사람들에게 주님이 에스겔을 통해서 주시는 말씀입니다. "너희가 아브라함의 후손이라고 무조건 그 땅을 차지하는 것은 아니다. 잘 생각해 보아라. 왜 내가 너희에게 주었던 그 땅을 바벨론에 의해서 황폐하게 했겠느냐. 왜 내가 그 땅에서 살고 있던 내 백성들을 저 멀리 바벨론 땅에 포로로 잡혀가게 했겠느냐. 너희가 내 백성답게 살지 못했기 때문에 그런 것 아니냐. 너희가 아브라함의 자손일지라도 그 땅에 살면서 칼을 믿어 가증한 일을 행하고 이웃의 아내를 더럽히고 너희의 욕망을 따라 산다면 그 땅은 절대 너희의 땅이 될 수 없을 것이다." 주님이 경고하시는 내용입니다.

30절부터 33절에는 이런 내용이 나옵니다.

30 인자야 네 민족이 담 곁에서와 집 문에서 너에 대하여 말하며 각각 그 형제와 더불어 말하여 이르기를 자, 가서 여호와께로부터 무슨 말씀이 나오는가 들어 보자 하고 31 백성이 모이는 것 같이 네게 나아오며 내 백성처럼 네 앞에 앉아서 네 말을 들으나 그대로 행하지 아니하니 이는 그 입으로는 사랑을 나타내어도 마음으로는 이익을 따름이라 32 그들은 네가 고운 음성으로 사랑의 노래를 하

며 음악을 잘하는 자 같이 여겼나니 네 말을 듣고도 행하지 아니하거니와 33 그 말이 응하리니 응할 때에는 그들이 한 선지자가 자기 가운데에 있었음을 알리라
(겔 33:30-33)

고된 현실의 고통을 잊게 해 주는 무엇이 필요했을 것입니다. 당시 포로로 잡혀 와 있는 사람들에게 무슨 여흥거리가 있었겠습니까. 그런 사람들에게 에스겔의 예언 행위는 일종의 엔터테인먼트였을 것입니다. 에스겔서 초반의 내용을 떠올려 봅시다. 그는 예언을 전하기 위해 현대로 치면 행위 예술 같은 행동을 종종 했습니다. 그러니 사람들은 에스겔을 마치 광대나 가수나, 지루한 시간을 견디게 해 주는 연예인 정도로 생각했을 것 같습니다.

주님이 지금 굉장히 날 선 어조로 에스겔에게 말씀하시는 중입니다. "그들이 네 앞에 앉아서 네 이야기를 듣는 것같이 보이느냐? 그런데 너도 알다시피 그들은 네 이야기를 듣고, 그 말이 하나님에게서 온 말씀이니 그것을 신실하게 지켜 내겠다고 결심하는 것이 아니라 단지 여흥거리처럼 생각할 뿐이다." 포로 생활이라는 게 희망 없고 암울하고 의기소침하고 무기력한 시간으로 가득하니까 에스겔 앞에 서 있는 유다 백성들은 에스겔을 보면서 "우리 민족의 노래를 참 오랜만에 듣는구나. 우리 민족의 신에 관한 이야기를 해 주는 이가 있구나. 그런데 저 사람 연설을 참 잘하네" 하는 정도로 생각한다는 것입니다. 예루살렘에 남아서 한 몫 챙겨 보려는 사람도 문제지만, 포로로 잡혀 왔음에도 자신들의 상황이 무엇을 의미하는지 제대로 파악하지 못하는 이들 역시

문제입니다.

예루살렘이 무너지는 것은 당시 이스라엘 사람들에게는 악몽과도 같은, 상상하기 싫은 경험이었을 것입니다. 그런데 지나고 보면 이 일이 그들에게 아주 중요한 기회로 작동했다는 것을 알 수 있습니다. 모세와 아브라함, 다윗을 통해서 이스라엘에 주어진 언약의 내용이 이스라엘이나 가나안이라고 하는 지리적 한계에 매몰되지 않고 세계만방으로 흩어져 나아가는 데 이 예루살렘의 멸망이라는 사건이 큰 역할을 하게 됩니다. 이들의 나라가 망해 이스라엘의 후손들이 가나안에 머무를 수 없게 되어 바벨론에 포로로 잡혀가고, 애굽으로 피하고, 세계의 여러 나라로 흩어지게 되면서 그들이 가지고 있는 하나님을 향한 신앙과 그 신앙의 전통이 열방에 확산되는 의외의 효과가 발생하게 된 것입니다.

이런 내용은 오늘 우리에게도 동일하게 적용되는 이야기입니다. 사실 설교자로서 선지서를 설교하는 것은 곤혹스러운 일 중 하나입니다. 에스겔서 33장을 지나가면 회복에 관한 이야기가 나오기는 하지만, 그전까지는 계속 '너희들은 이것을 잘못했다. 저것을 잘못했다. 너희들이 의지하는 것을 내가 다 부수어 버릴 것이다'라는 하나님의 말씀이 나오며, 기존에 신뢰하고 의지했던 모든 대상이 부서지는 일들이 기록되어 있습니다. 그 어떤 것에도 의지할 수 없도록 말입니다.

생각해 보면 그 상황은 하나님 외에 의지할 것이 없는 상황입니다. 심지어 하나님이 주신 것조차도, 그것을 하나님보다 더 의지한다면 그 순간 그것은 우상이 되어 버립니다. '나는 아브라함의 후손이야'라고 하는 자긍심조차도 하나님에게 초점이 맞춰져 있는 것이 아니라 우월감에 갖는 마음이라면 그것은 일종의 우상에 불과합니다. 하나님은 그런 우상들을 철저히 파괴하십니다. 이런 하나님의 모습이 에스겔서 전반부에 소개됩니다.

예루살렘 멸망의 함의

에스겔서가 이 시대에 주는 의미를 생각해 봅시다. 교회가 의지할 대상은 무엇일까요? 교회가 가장 소중하게 생각해야 하는 본질이 무엇일까요? 아마 교회를 1년만 다녀도 다 알 것입니다. 주님과 그분의 말씀입니다. 그런데 사람들이 만들어 낸 현실은 하나님으로부터 자꾸만 이탈합니다. 주님을 위해서, 복음을 위해서라고 이야기하지만, 본질적이지 않은 것들이 주님보다 더 높아질 때가 얼마나 많은지 모르겠습니다. 비단 이 시대만의 문제가 아니라, 기독교 역사를 보면 언제나 있었던 유혹이고 언제나 겪어 왔던 문제입니다. 중세는 말할 것도 없고, 초대 교회 때부터 그런 문제들이 교회 안에 차고 넘쳤습니다.

그래서 우리는 이 시대를 살면서, 교회가 받은 과거 유산 중에는 우리가 진지하게 계승하고 숙고해야 할 것들도 있지만 끊어 내야만 하는 것들도 많다는 사실을 알게 됩니다. 우리는 그동안 하나님보다 특정한 목회자가, 특정한 건물이, 특정한 제도가 더 높아지는 일들에 대해서 충분히 보아 왔습니다. 그리고 '그것들이 무너지게 될 것이다. 하나도 남지 않고 사라지게 될 것이다'라는 선언이 주어집니다. 이것이 예루살렘의 멸망 사건이 오늘날 우리에게 주는 중요한 교훈일 것입니다. 사람들이 귀하게 여기고 열심과 노력과 정성을 들여 오랜 시간 동안 구축해 놓은 것이라고 할지라도, 그것이 주님보다 높아져 있다면 결국 무너지고 말 것입니다.

그런데 한 걸음 더 나아가 봅시다. 하나님보다 중요시했던 것들에 대해 '그것은 틀렸습니다. 우리는 더 이상 그것들을 따를 수 없습니다'라고 하는 메시지가 선포된 다음에 우리가 가야 할 길은 어디입니까? 모든 것을 다 부정하고 난 다음에, 과거의 것을 다 극복해야 한다고 선언한 다음에 우리가 가야 할 길은 어디입니까? 단지 '거 봐, 그렇게 하니까 예루살렘 성전이 무너졌지' 하며 손가락질하는 것에 머물러서는 안 됩니다. '자, 저렇게 기존의 모든 세계가 무너졌으니 우리가 새롭게 한몫을 차지해 보자!'라고 하는 태도 또한 옳지 않습니다. '그들이 왜 무너졌는가? 그들이 처음부터 무너지려고 그렇게 시작했는가? 그렇지 않다. 그들은 좋은 의도로 경건하게 시작했는데 왜 그 지경으로 갈 수밖에 없었는가?'라는 질문이 있어야 합니다. 실패한 지점이 어디인지를 확인하고 거기서 한 발자국 더 나아가야 합니다. 신앙의 구체적인 내용을 우리의 삶 안에서 하나하나 만들어 가야 합니다.

기독교 신앙의 가치는 건물의 웅장함이나 사람들이 많이 모이는 것에 있지 않습니다. 기독교 신앙의 핵심은 설교자가 얼마나 화려한 언변을 갖추고 있느냐에 있지도 않습니다. 주님의 말씀을 얼마나 진지하게 생각하는가, 그 말씀에 순종하려고 하는가, 하는 질문과 결단이 중요합니다. 그런 차원에서, 이스라엘이 성전 파괴와 예루살렘 멸망과 포로 생활을 겪었듯이, 우리도 절망과 회한과 기존 세계에 대한 부정과 허물에 대한 혐오와 낙담을 겪는 일은 굉장히 중요하다고 생각합니다. 할 수만 있다면 교회 밖으로도 좀 가 보고, 무신론자의 자리에도 한번 가 보기 바랍니다. 돌 하나도 돌 위에 남지 않고 파괴된 그 지점, 세상의 끝에 가 보아도 됩니다. 결국 그 일은 우리 인생 가운데, '내가 새벽 날개를 치며 저 바다 끝에 거해도 주님이 거기에서도 나와 함께 하신다'라는 시편의 고백을 하게 하는 일이 될 것입니다.

그런 차원에서 한 사람 한 사람을 주님의 말씀과 주님의 이름으로 축복하고 싶습니다. 우리가 예배를 드리러 나와 있는 자리는 어쩌다 시간이 있었기 때문이라거나, 누구의 강요에 의해서라거나, 모종의 의무감에 의해서 만들어진 자리일 수도 있습니다. 그러나 어찌 되었든 주님의 음성을 듣는 자리에 있다면, 기왕 있는 김에 우리가 이 자리에 있다는 사실에는 어떤 의미가 있는지를 깊이 생각하면 좋겠습니다. 단지 멋있는 찬양이나 퍼포먼스, 좋은 사람들과의 교제, 내 마음을 편하게 해 주는 그 무엇에 기독교 신앙과 인생의 본질을 담을 수는 없습니다. 하나님이 지금 우리를 예배의 자리로 불러내어 만들고 싶으신 것이 과연 무엇인지 한 번 더 고민하고, 한 번 더 순종하기를 원합니다. 때로는 하나님의 요구가 인간의 본성을 역행하는 것이라고 할지라도, 주의 말씀으로 힘을 얻어 순종을 결심하며 한 걸음 더 나아가는 우리가 되기를 주님의 이름으로 권면합니다.

기도

하나님, 이스라엘의 역사가 그렇듯이 우리의 삶에도 때로는 패망이 있고, 세상이 끝난 것 같은 순간을 경험할 때가 있습니다. 그러나 이스라엘이 겪은 예루살렘의 패망은 그들에게 끝이 아니었습니다. 포로로 잡혀간 자리에서도 주님께서 함께하시며 그들에게 언약 백성의 지위를 주시고, 언약 백성으로서 해야 할 일을 요구하시며, 여전히 백성과 왕의 관계를 지키셨음을 기억하게 하옵소서.

주여, 오늘 우리도 주님이 우리를 보내시고 우리를 세우신 이 역사의 한가운데에서, 주님이 우리에게 요구하시는 일들에 순종하게 하시고, 한 걸음 더 나아가 주님의 모습을 닮아 가며 하나님의 성품을 삶 가운데 드러내는 우리 모두가 될 수 있도록 하옵소서. 우리의 구주이신 예수 그리스도의 이름으로 기도합니다. 아멘.

07

하나님이 세우실 왕

서정걸

17 주 여호와께서 이같이 말씀하셨느니라 나의 양 떼 너희여 내가 양과 양 사이와 숫양과 숫염소 사이에서 심판하노라 18 너희가 좋은 꼴을 먹는 것을 작은 일로 여기느냐 어찌하여 남은 꼴을 발로 밟았느냐 너희가 맑은 물을 마시는 것을 작은 일로 여기느냐 어찌하여 남은 물을 발로 더럽혔느냐 19 나의 양은 너희 발로 밟은 것을 먹으며 너희 발로 더럽힌 것을 마시는도다 하셨느니라 20 그러므로 주 여호와께서 그들에게 이같이 말씀하시되 나 곧 내가 살진 양과 파리한 양 사이에서 심판하리라 21 너희가 옆구리와 어깨로 밀어뜨리고 모든 병든 자를 뿔로 받아 무리를 밖으로 흩어지게 하는도다 22 그러므로 내가 내 양 떼를 구원하여 그들로 다시는 노략거리가 되지 아니하게 하고 양과 양 사이에 심판하리라 23 내가 한 목자를 그들 위에 세워 먹이게 하리니 그는 내 종 다윗이라 그가 그들을 먹이고 그들의 목자가 될지라 24 나 여호와는 그들의 하나님이 되고 내 종 다윗은 그들 중에 왕이 되리라 나 여호와의 말이니라 (겔 34:17-24)

이스라엘 왕을 위한 규례

34장 1절에서 16절에는 양 떼를 돌보지 않고 자기들의 배만 불리며 착취를 일삼는 불의한 목자들을 심판하겠다는 하나님의 말씀이 나오고, 이번 장의 본문으로 이어집니다. 본문에서는 목자들뿐 아니라 같은 무리에 속한 양들 사이에서도 약한 양들을 어깨로 밀쳐 내고 괴롭혀 자기들만 좋은 것을 먹고 약한 양들은 발로 더럽힌 것들을 먹을 수밖에 없게 만드는 힘세고 강한 양들 역시 하나님이 심판하겠다고 하십니다. 양 떼는 언약 백성 이스라엘 족속을 상징하고 목자들은 그들을 다스리기 위하여 하나님이 세우신 통치자들, 곧 왕과 지도층을 가리킵니다.

왕 또는 국가의 통치자에 대하여 대중들이 갖는 기대는 사회적 안정과 경제적 번영을 가져올 능력을 발휘하는 것입니다. 그래서 대다수의 역사가들이 이스라엘 역사에서 훌륭한 왕으로 북 이스라엘에 속한 오므리와 여로보암 2세를 꼽습니다. 그들의 치세 동안 북 이스라엘은 영토가 넓어지고 경제적으로 부유했기 때문입니다. 역사가들은 통치자가 군사 외교를 통하여 확장한 영토의 크기와 남겨 놓은 기록들, 건축물들로 그의 치세를 평가합니다. 우리가 대통령 선거를 할 때 '어떻게 경제를 살릴 것인가?', '국가 안보를 튼튼하게 잘 유지할 것인가?'와 같은 기준으로 투표하는 것과 마찬가지입니다.

그런데 이러한 대중들의 기대는 하나님이 이스라엘의 왕에게 요구하시는 바와 매우 다르다는 것을 성경을 통해 알 수 있습니다. 특별히 역사가들이 좋게 평가하는 오므리나 여로보암 2세에 대하여 열왕기서가 내리는 평가는 비판적이다 못해 무관심하기까지 합니다. 그저 짤막하게 '그가 여호와 보시기에 악을 행하였더라'라는 평가뿐입니다. 혹시 그 왕들의 업적을 알고 싶거든 다른 책을 참고하라고 '이스라엘 왕 역대지략'이라는 책 제목을 알려 주기도 합니다. 하나님은 그들이 이룬 업적에 관심이 없으십니다. 꽤 실력 있고 유능한 왕들을 이토록 냉정하게 평가하는 기준이 무엇인지 살펴봅시다.

에스겔 34장의 기준대로 평가하자면, 그 왕들은 하나님이 맡겨 주신 양들을 제대로 돌보지 않았기 때문에 악한 왕이라는 평가를 받았고, 하나님은 그들의 통치에 대해 더 이상 관심을 두지 않으십니다. 하나님의 뜻대로 백성을 통치하지 않았으므로 그들의 업적은 무의미했습니다. 하나님의 뜻은 율법에 드러나 있는데, 거기에는 이스라엘 백성들이 하나님의 뜻대로 사는 길뿐 아니라 이스라엘의 왕들을 위한 규례도 수록되어 있습니다. 신명기 17장입니다.

> 14 네가 네 하나님 여호와께서 네게 주시는 땅에 이르러 그 땅을 차지하고 거주할 때에 만일 우리도 우리 주위의 모든 민족들 같이 우리 위에 왕을 세워야겠다는 생각이 나거든 15 반드시 네 하나님 여호와께서 택하신 자를 네 위에 왕으로 세울 것이며 네 위에 왕을 세우려면 네 형제 중에서 한 사람을 할 것이요 네 형제 아닌 타국인을 네 위에 세우지 말 것이며 16 그는 병마를 많이 두지 말 것이요 병마를 많이 얻으려고 그 백성을 애굽으로 돌아가게 하지 말 것이니 이는 여호와께서 너희에게 이르시기를 너희가 이 후에는 그 길로 다시 돌아가지 말 것이라 하셨음이며 17 그에게 아내를 많이 두어 그의 마음이 미혹되게 하지 말 것이며 자기를 위하여 은금을 많이 쌓지 말 것이니라 18 그가 왕위에 오르거든 이 율법서의 등사본을 레위 사람 제사장 앞에서 책에 기록하여 19 평생에 자기 옆에 두고 읽어 그의 하나님 여호와 경외하기를 배우며 이 율법의 모든 말과 이 규례를 지켜 행할 것이라 20 그리하면 그의 마음이 그의 형제 위에 교만하지 아니하고 이 명령에서 떠나 좌로나 우로나 치우치지 아니하리니 이스라엘 중에서 그와 그의 자손이 왕위에 있는 날이 장구하리라 (신 17:14-20)

하나님은 왕이 없던 이스라엘 백성들이 언젠가는 왕을 세우고자 할 줄을 아시고, 이후에 세워질 이스라엘의 왕을 위한 규례를 가나안 입성 전에 미리 주십니다. 이스라엘의 왕을 위한 규례는 이러합니다. 병마를 많이 가지면 안 됩니다. 아내를 많이 두어서도 안 됩니다. 은금을 많이 쌓아 두지 말아야 합니다. 그리고 왕이라 할지라도 하나님의 율법을 늘 곁에 두고 묵상하여 교만하지 않도록 주의해야 합니다.

　병마는 그 나라의 군사력을 판단하는 척도와 같습니다. 그렇다면 이스라엘은 군사력을 갖지 말아야 한다는 뜻일까요. 아내를 많이 두지 말라는 것은 여색을 탐하지 말라는 교훈이 아닙니다. 당시 왕이 아내를 많이 두었던 이유는 잠재적 위협 요인인 지방의 세력가나 주변국들과의 혼인을 통하여 외교적으로 평화를 구축하기 위함이었습니다. 그러니 왕이 아내를 많이 둘수록 외교적으로는 국가에 이로운 일입니다. 그렇다면 외교를 하지 말라는 뜻일까요. 은금을 많이 쌓아 두지 말라는 것은 경제는 내팽개쳐도 좋다는 뜻일까요. 그런 말씀이 아닙니다. 국가를 유지하기 위하여 군사, 외교, 경제는 필수적인 것입니다. 다만 이 말씀에서 하지 말라는 명령은 국방도 외교도 경제도 모두 부정하는 것이 아니라, 이스라엘이라는 나라에는 그보다 더 중요하고 결정적인 국가 존재의 근거가 있다는 사실을 잊지 않도록 하기 위함입니다. 강한 군사를 가졌다는 이유로, 외교적으로 성공을 거두었다는 이유로, 경제적으로 풍요롭다는 이유로 이스라엘의 운명에 더 결정적이고 중요한 문제를 잊지 않도록 국방과 외교와 경제를 제한하는 것처럼 보이는 명령을 주셨습니다.

이스라엘이 외면한 하나님의 비전

이스라엘의 왕에게 국방, 외교, 경제보다 더 중요한 일은 율법을 늘 곁에 두고 묵상하면서 하나님 경외하기를 배우는 것입니다. 온 세상과 우주를 통치하시는 하나님이 언약 백성인 이스라엘을 다스릴 왕을 세우셨고, 그 백성을 하나님의 뜻대로 다스리도록 왕에게 권위를 위임하셨다는 사실을 잊지 않는 것이 중요하기 때문에 그들이 다른 것들에 마음을 빼앗기는 것을 경계하십니다.

군사적으로 승승장구하거나, 외교적으로 능수능란해서 국익을 극대화하거나, 경제적인 성공을 거두어 재물이 넉넉하면 그것을 자기의 힘으로 알고 백성들 위에 높아져 교만하기 쉽습니다. 눈앞에 손쉬운 해결책을 가지고 있으면 하나님을 찾지 않아도 됩니다. 우리가 기도하게 되는 때는 언제입니까. 어려운 일을 만났는데 해결책이 없어 막막할 때 기도합니다. 그런 때는 일부러 하나님을 떠올리지 않아도 저절로 하나님을 부르고 하나님 앞에 도우심을 구하며 엎드리게 됩니다. 그러나 내가 얼마든지 해결할 수 있는 일로는 하나님을 찾지 않습니다. 내 손에 든 해결책이 많으면 많을수록 하나님을 찾지 않게 되고, 자신의 힘을 과신하게 됩니다.

청년부를 맡아 사역하면서 재미있는 현상을 보게 됩니다. 신앙적 색깔이 잘 드러나지 않던 친구들이 해외로 유학을 가거나, 군대에 가면 하나님을 더 분명히 인식하고 믿음이 성장하는 것 같은 모습을 보게 됩니다. 이유가 무엇일까요. 손에 들고 있던 쉬운 해결책들과 단절되기 때문입니다. 여기 한국에, 또는 군대

밖 사회에 머무르는 동안은 돈이 없으면 부모님에게 받거나 아르바이트를 하면 됩니다. 외로우면 친구들을 불러내서 밥 먹고 수다 떨면 됩니다. 그런데 외국이나 군대에 가면 그런 해결책들과 단절됩니다. 그럴 때 하나님을 떠올리고, 기도하고, 스스로 기도할 뿐 아니라 목사님에게 기도해 달라는 부탁도 하게 됩니다. 그런 과정에서 신앙이 한 뼘 자라나는 경우를 많이 봅니다. 없던 신앙이 갑자기 생겨나지는 않았을 것입니다. 단지 더 절실하게 하나님을 찾을 수밖에 없는 환경으로 들어갔을 뿐입니다.

이런 맥락에서 하나님이 이스라엘의 왕들에게도 병마나 아내나 은금을 많이 갖지 말라고 하신 것 같습니다. 하나님을 찾지 않아도 되는 대체물을 많이 가지고 있다 보면 그것들을 의지하게 되고, 문제 해결의 능력을 갖춘 자신을 과시하게 됩니다. 그리고 과시하기 좋아하는 권세자 대부분이 그러하듯, 힘을 갖지 못한 자들로부터 자신을 분리하여 그 위에 군림하려 합니다. 그래서 하나님은 이스라엘의 왕에게 '너는 이스라엘의 일반 백성들과 다르지 않은 그들 중 하나이다. 네 형제 중 하나를 하나님이 선택하셔서 왕으로 삼으시고 동료 형제들을 섬기게 하셨다. 이 사실을 잊지 마라' 하시며 율법책을 곁에 두고 읽으라는 명령을 주십니다.

그런데 본문을 보면 이스라엘의 왕들은 이 명령을 따르지 않았고, 자기가 가진 힘과 권력을 의지하고 과시하며 양 떼를 돌보지 않고 오히려 그들의 것을 수탈하여 하나님의 심판을 받게 됩니다. 에스겔 34장 10절을 보겠습니다.

10 주 여호와께서 이같이 말씀하시되 내가 목자들을 대적하여 내 양 떼를 그들의 손에서 찾으리니 목자들이 양을 먹이지 못할 뿐 아니라 그들이 다시는 자기도 먹이지 못할지라 내가 내 양을 그들의 입에서 건져내어서 다시는 그 먹이가 되지 아니하게 하리라 (겔 34:10)

하나님이 이스라엘의 왕들에게 맡기셨던 권한을 다시 회수하시고 왕위를 폐하십니다. 이 일을 위하여 이스라엘을 멸망하게 하시고 예루살렘 성벽과 성전을 무너뜨리십니다. 그런데 단지 목자들만을 심판하는데 그치지 않고 말씀은 더 확장되어, 왕이나 통치자가 아닌 이스라엘 백성들에게도 이 기준을 적용하십니다. 이번 장에서 읽은 본문 말씀입니다. 양들이 괴로움을 겪는 것은 비단 목자들만의 잘못된 행실 때문이 아니라 양 떼 사이에서도 더 힘센 양들이 약한 양들을 희생물 삼아 자기 배를 불리고 자기의 안정을 구가하는 발판으로 삼는 모습들이 있었기 때문이라는 고발입니다. 자기만 배불리 먹고 남은 풀을 짓밟아 버리는 양들, 맑은 물을 마시고는 발로 흙탕물을 만들어 버리는 양들, 약한 다른 양들을 옆구리와 어깨로 밀고 뿔로 받아 무리 밖으로 흩어지게 하는 양들이 있었는데, 이런 양들은 자기 양을 돌보지 않고 수탈했던 목자들과 마찬가지로 심판의 대상입니다.

이스라엘의 멸망도 단지 악한 지도자 몇몇 때문만이 아닙니다. 왕은 권력만 더 가졌을 뿐이지 이스라엘 백성들도 그들의 목자들, 통치자들과 다름없이 똑같은 세계관으로 살아가고 있었습니다. 자연 다큐멘터리를 보면 이것이 단지 인간 사회의 문제만은 아니라는 것을 알 수 있습니다. 자연계에서는 더 노골적으로 연약한 것들을 희생시켜 무리 전체의 안전을 도모하는 모습을 볼 수 있습니다. 사자들이 어린 얼룩말 한 마리를 몰아가며 사냥할 때 나머지의 얼룩말 무리는 도망가기 바쁘고, 그 한 마리의 희생으로 적어도 하루 동안은 편안히 풀을 뜯습니다. 초지를 찾아 강을 건너는 누 떼 중 먼저 강에 들어간 한 마리가 악어에게 잡혀 끌려가면 그동안 나머지 무리는 재빨리 강을 건넙니다.

자연이란 이름이 그러하듯 이 세상이 돌아가는 방식이 늘 그러했기 때문에 이런 사태는 영원히 해결되지 않을 것 같아 보입니다. 인간 사회에서도 마찬가지입니다. 우리에게는 도덕관념이 있고 윤리 의식이 있어서 '힘없는 네 잘못'이라고 가혹하게 말하지는 않아도, 힘이 없어 손해를 보고 소외되는 이웃을 보며 안타까워하기도 하고 때로는 분노하기도 하지만, 내가 당하지 않아서 다행이라는 생각도 머릿속을 스쳐 지나갑니다.

세상은 경쟁의 논리 위에서 이웃을 규정합니다. 경쟁의 논리에서 이웃은 전략적 동반자입니다. 서로의 이해가 같으면 함께 가는 것이 서로에게 유익하기에 이웃으로 받아들이지만, 이해가 충돌하면 그때부터는 이웃이 아니라 경쟁자이고 이겨야 할 대상이 됩니다. 그러나 하나님은 언약 백성인 이스라엘을 통하여 원래 하나님이 의도하신 세계에서는 이웃을 어떤 존재로 인식해야 하는지에 대해 새로 규정해 주려 하셨습니다. 하나님의 세계는 경쟁의 논리가 지배하는 곳이 아니라 사랑으로 충만한 곳입니다. 따라서 이웃은 경쟁의 대상이 아니라 사랑을 나누어 서로를 더 풍성하게 완성시키는 사랑의 대상입니다. 그래서 하나님은 이스라엘을 택하시고 나라를 이루게 하시고 하나님이 목적하신 뜻을 담아 그들에게 율법을 주셨습니다. 율법에 하나님 나라의 비전이 잘 설명되어 있습니다. 율법은 이웃이란 밟고 일어서야 하는 경쟁 상대가 아니라 내 어깨를 내어 주어 부축하고 일으켜 세워 함께 가야 할 대상이라고 가르칩니다. 인간은 힘을 가져야 가치 있는 존재가 되는 것이 아니라 사랑할 때 참으로 가치 있는 존재라고 말씀합니다.

이스라엘이 왜 멸망했을까요. 예루살렘과 성전은 왜 무너졌을까요. 하나님이 목적하신 사랑의 율법이 작동하는 나라라는 원래의 의도를 벗어나 힘과 술수로 경쟁자를 제거하며 권력을 추구하는 세상의 방식을 따랐기 때문입니다. 하나님이 주신 율법에 나타난 핵심 가치인 사랑으로 자신의 정체성을 세우지 않고, 힘으로, 권세로, 경쟁에서 이기는 것으로 자기 정체성을 삼으려 하니 존재의 의미가 사라져 버렸습니다. 이스라엘의 멸망은, 하나님이 이스라엘을 통해 세상에 보여 주려 하신 하나님의 나라는 그런 것이 아니라는 선언과도 같은 사건입니다.

하나님이 세우시는 목자 다윗

하나님은 이스라엘 백성에게 오랜 역사를 허락하셨고, 그 역사 속에서 이스라엘 백성은 충분한 기회와 선택의 시간을 갖습니다. 모세를 통하여 하나님과 언약을 맺고 나라를 이룬 이스라엘은 그 나라가 멸망하기까지 천 년에 가까운 시간과 수많은 기회 속에서 하나님의 백성답지 못했습니다. 세워지는 왕들은 극소수를 제외하고는 마치 〈반지의 제왕〉에서 '절대반지'를 손에 넣은 사람마다 그 마력에 빠져 원래의 마음을 상실하듯, 힘과 지혜와 부를 가지면 하나님을 잊고 떠나 자신의 권력을 의지하려 했습니다. 그것은 왕들만의 문제가 아니었습니다. 왕이 가진 것만큼의 권력만 없었을 뿐, 일반 백성들도 동료 양을 밀쳐 내고 괴롭히는 힘센 양처럼 서로 사랑하지 않고 경쟁하고 착취하기를 일삼았습니다.

이것은 인간의 한계인 듯합니다. 하나님은 우리가 이 한계를 분명히 직시하고 인정하도록 그 길고 허망한 이스라엘의 역사를 허락하신 것 같습니다. 그들의 실패와 불순종에 따른 징벌과 회개의 부르짖음에, 하나님이 은혜로 새로운 기회를 허락하셨음에도 불구하고 반복된 그들의 불순종으로 결국 이스라엘은 멸망합니다. 이 지난한 역사를 통하여 하나님은, 인류는 스스로 이 악순환의 고리를 끊을 수 없으며 사랑도 평안도 만들어 낼 수 없는 존재임을 고백하지 않을 수 없는 자리에 우리를 세우십니다.

그렇다면 해결책은 무엇일까요. '우리는 안 돼. 할 수 없어'라는 고백은 마땅한 결론이자 좋은 출발일 수는 있어도 진정한 의미의 해결책은 아닙니다. 해결책은 하나님이 제시하십니다. 15절입니다.

15 내가 친히 내 양의 목자가 되어 그것들을 누워 있게 할지라 주 여호와의 말씀

이니라 (겔 34 : 15)

하나님이 이 양들, 하나님의 백성 이스라엘을 친히 다스리겠다고 말씀하십니다. 그리고 본문 후반부에 이르면 보이지 않는 하나님의 통치를 인간 세계 안에서 구현할 의로운 왕 다윗을 세우겠다고 약속하십니다.

> 23 내가 한 목자를 그들 위에 세워 먹이게 하리니 그는 내 종 다윗이라 그가 그들을 먹이고 그들의 목자가 될지라 24 나 여호와는 그들의 하나님이 되고 내 종 다윗은 그들 중에 왕이 되리라 나 여호와의 말이니라 (겔 34 : 23-24)

다윗이 왕이 되어 하나님의 통치를 구현할 것입니다. 그런데 다윗은 과거의 왕이며 이미 죽은 지 오래입니다. 어떻게 하시겠다는 뜻일까요. 다윗을 부활시켜 다시 왕으로 세우겠다는 뜻이 아닙니다. 다윗의 시대에 그를 통해 구체적으로 구현되었던 하나님 나라의 영광과 평안을 하나의 모범으로 제시한 것입니다. 다윗과 같은 왕이 올 것이고 그를 통하여 하나님이 목적하신 참 이스라엘의 모습을 구체적으로 구현하겠다는 하나님의 의지입니다.

다윗은 기름 부음을 받았던 소년 시절에 자기 양 떼를 구원하기 위하여 막대기를 가지고 사자와 곰에 맞서 싸우는 목동이었습니다. 그는 하나님의 이름을 귀히 여겨 하나님과 이스라엘을 모욕하는 거인 골리앗 앞에 물맷돌과 막대기를 들고 맞선 소년이었습니다. 그는 율법을 사랑하여 주야로 그것을 묵상한다고 고백했던 왕이었습니다. 자기 양 떼를 목숨과 같이 귀히 여기며 돌보는 통치자, 하나님과 이웃을 사랑하며 더 잘 사랑하기 위하여 율법을 주야로 묵상하는 사람, 다윗을 세워 진정한 하나님의 나라를 그에게 맡기겠다고 말씀하십니다.

우리는 다윗의 자손으로 일컬어진 예수 그리스도를 통하여 본문 말씀이 성취되는 것을 복음서에서 보게 됩니다. 그는 분명 왕으로 오셨지만, 이 세상 어떤 왕과도 다른 새로운 왕의 길을 보여 주셨습니다. 그는 병마도, 아내들도, 은금도 쌓지 않으십니다. 율법에서 말한 규례대로 하나님의 율법을 마음에 두고 언제나 하나님을 경외하며 그 뜻을 가장 최우선에 놓고 모든 유혹과 타협에 맞섭니다. 다윗의 자손이라고 불리신 그분은 강한 군마를 타고 예루살렘에 들어가지 않습니다. 겸손히 어린 나귀를 타고 자기 백성에게로 들어가십니다. 그들이 원하는 힘, 능력, 권세를 보여 주지 않아 오히려 배척받고 버림받아 십자가를 지고 죽었으나 자기를 버린 그 백성을 끝까지 사랑하셔서 그들이 당신을 죽인 그 십자가로 그들을 구원하십니다.

예수 그리스도는 하나님이 세우신 다윗 왕이고, 하나님은 다윗의 자손인 예수의 삶과 죽음과 부활을 통하여 우리가 알고 있는 세상의 헛된 신들과는 다른 거룩하신 하나님의 참모습을 분명하게 보여 주십니다. 그 예수께서 자기 백성들에게 이렇게 선포하셨습니다.

'가난한 너희여 복되도다. 우는 너희여 복되도다. 의에 주리고 목마른 너희여 복되도다'(마 5:3-4, 6), '수고하고 무거운 짐 진 자들아 다 내게로 오라 내가 너희를 쉬게 하리라'(마 11:28). 우리가 알고 있는 강력한 왕, 유능한 통치자들은 자기 백성에게 노역과 군역과 세금으로 짐을 지우고, 다른 나라를 정복하고 사람들을 착취하여 부를 가져오는 왕입니다. 그러나 예수님은 그런 세상의 통치 방식과는 전혀 다른, 사랑의 나라를 보여 주십니다. 예수님은 '내 나라에서는 큰 자가 작은 자를 섬긴다'라고 말씀하셨습니다. 말씀만 그렇게 하셨을 뿐 아니라 실제로 그 작고 보잘것없는 이들을 위하여 자기 목숨을 내어 주시는 새로운 왕의 모습을 보여 주셨습니다. 이제 우리는 예수라는 분명한 실례를 통하여 하나님이 목적하신 나라의 실체를, 그 나라를 다스리는 참 목자를 보게 됩니다. 에스겔서 본문에서 말씀하는 '내가 세울 나라, 회복할 이스라엘, 다윗이 다스릴 하나님 나라'의 모습입니다. 본문 25절 이하의 말씀을 읽어 보겠습니다.

> 25 내가 또 그들과 화평의 언약을 맺고 악한 짐승을 그 땅에서 그치게 하리니 그들이 빈 들에 평안히 거하며 수풀 가운데에서 잘지라 26 내가 그들에게 복을 내리고 내 산 사방에 복을 내리며 때를 따라 소낙비를 내리되 복된 소낙비를 내리리라 27 그리한즉 밭에 나무가 열매를 맺으며 땅이 그 소산을 내리니 그들이 그 땅에서 평안할지라 내가 그들의 멍에의 나무를 꺾고 그들을 종으로 삼은 자의 손에서 그들을 건져낸 후에 내가 여호와인 줄을 그들이 알겠고 28 그들이 다시는 이방의 노략거리가 되지 아니하며 땅의 짐승들에게 잡아먹히지도 아니하고 평안히 거주하리니 놀랠 사람이 없으리라 29 내가 그들을 위하여 파종할 좋은 땅을 일으키니 그들이 다시는 그 땅에서 기근으로 멸망하지 아니할지며 다시는 여러 나

라의 수치를 받지 아니할지라 30 그들이 내가 여호와 그들의 하나님이며 그들과 함께 있는 줄을 알고 그들 곧 이스라엘 족속이 내 백성인 줄 알리라 주 여호와의 말씀이라 31 내 양 곧 내 초장의 양 너희는 사람이요 나는 너희 하나님이라 주 여호와의 말씀이니라 (겔 34 : 25 – 31)

하나님이 친히 다스리는 새로운 나라, 새로운 세상, 다윗의 자손 예수 그리스도가 왕이 되는 나라의 모습을 보여 주십니다. 이 말씀을 보면 시편 23편의 말씀이 떠오릅니다. "여호와는 나의 목자시니 내게 부족함이 없으리로다"(시 23 : 1). 하나님이 우리를 친히 다스리시면 우리에게 부족함이 없을 것입니다. 우리를 쉴 만한 물가로 인도하시고 복을 주사 평안히 거하게 하실 것입니다. 그러나 시편 23편에서도 말하듯 그곳까지 이르는 길에 사망의 음침한 골짜기를 지나는 것처럼 빛이 보이지 않고 두려운 시간을 지나야 하는 때가 있을 것입니다. 이스라엘이 망하는 일, 예루살렘과 성전이 무너지는 일은 마치 사망의 음침한 골짜기를 지나는 것과 같은 일이었습니다. '이제 죽었구나. 끝이구나. 소망이 없다. 우리의 뼈가 다 말랐다.' 이스라엘 백성들은 그렇게 절망하며 포기했으나 하나님은 거기가 끝장이 아니라고 말씀하시며 그 절망에서 내 나라를 회복하겠다고 말씀하십니다. 예루살렘이 없어지고 성전이 무너져도 하나님과 그 언약 백성의 관계는 어떤 것으로도 끊을 수 없습니다. 하나님은 당신의 의지로 당신의 이름을 위하여, 하나님이 어떤 분이신지 알게 하시려고 자기 백성을 반드시 쉴 만한 물가와 푸른 초장으로 인도하시며 그 원수의 목전에서 기름진 상을 베풀겠다고 약속하십니다.

우리는 가장 낮은 십자가의 길을 걸으신 예수께서 가장 높은 권세를 받으셨다고 믿고 고백합니다. 인간적으로 보면 망하는 길이고 허무한 결말처럼 보이지만, 하나님은 그 끝에 부활이라는 창조적인 능력으로 새 길을 놓으셨습니다. 그리하여 죽음의 길, 망하는 길, 사망의 음침한 길로 내려가는 일이 끝이 아님을 믿도록 하셨습니다. 우리도 때로는 그런 길로 인도되는 일이 있을지 모릅니다. 그러나 에스겔서는 예루살렘의 멸망으로 끝나지 않습니다. 33장에서 마침내 예루살렘이 멸망했다는 소식이 전해졌으나 에스겔서는 계속 이어져 48장에 가서야 끝이 납니다. 아무것도 남아 있지 않은 것 같은 그 절망의 소식 뒤에 놀라운 회복과 영광의 약속이 길게 이어집니다. 그러니 더 따라가 보아야 합니다.

우리는 매사에 일희일비합니다. 눈앞에서 일어나는 일에 이리저리 휘둘립니다. 세상은 우리에게 '그렇게 살아서 어떻게 하려고 해?', '나이를 그만큼 먹도록 이룬 것이 대체 뭐야?' 하고 도전합니다. 그럴 때면 낙심하고 좌절하고 우울합니다. 그러나 하나님은 '세상이 뭐라 말하든 절망하지 마라. 내가 의도한 영광의 자리에 너희가 이르기까지 나는 포기하지 않을 것이고, 너는 나와 함께 거기까지 가야만 한다!' 하고 말씀하십니다.

이 말씀을 보고 우리도 이런 소망을 품을 수 있기를 바랍니다. 한편 여전히 우리 삶에도 연약한 양들을 뿔로 들이받고 어깨로 밀쳐 희생시킴으로 안전을 확보하고 자신을 과시하는 이 세상의 방식이 뿌리내리고 있지는 않은지 돌아볼 수 있기를 바랍니다. 그리하여 우리가 하나님 나라의 시민답게 연약한 이웃을 위하여 기꺼이 자신의 어깨를 내어 주고 경쟁이 아니라 사랑을 택하여 하나님의 나라를 누리고 살며 증언할 수 있기를 바랍니다.

기도

하나님 아버지, 감사합니다. 우리를 향한 하나님의 타협 없는 사랑의 그 놀라움을 말씀을 통해 확인합니다. 하나님은 타협하지 않으실 것입니다. 우리가 적당히 만족하는 자리에 우리를 내버려 두지 않으실 것입니다. 그래서 때로 우리는 삶의 토대가 무너지는 것 같은 일을 겪게 될 것입니다. 사망의 음침한 골짜기로 인도되는 것 같은 길을 걸어갈 것입니다. 그러나 우리는 하나님의 백성이고 하나님이 친히 우리의 목자가 되신다는 그 사실로 말미암아 사망의 골짜기를 지날 때에도 믿음을 갖기로 다짐합니다. 하나님, 우리와 함께하여 주시옵소서. 때마다 우리에게 말씀하여 주셔서, 우리는 하나님의 백성이라는 그 변할 수 없는 관계를 우리 믿음의 근거로 삼게 하여 주시옵소서. 그 믿음의 근거를 가지고, 세상 사람들은 망하는 길이라고 여기는 사랑하는 길, 그 길을 걸어가게 하여 주시옵소서. 예수님의 이름으로 기도합니다. 아멘.